Impressum

© film+print-heidelberg 2003
Konzept und Realisation:
film+print-heidelberg
Redaktion, Textbearbeitung, Gestaltung:
Günther Klefenz
Angelika Schmidt-Biesalski
Herstellung: Präzisdruck GmbH, Karlsruhe

ISBN 3-937276-033-2

**RICHARD ANDERS**
Auf der Zielgeraden

f+p

Tue Recht Und Scheue Niemand

# AUF DER ZIELGERADEN

*Der Unternehmer Richard Anders*

# INHALT

| | | |
|---|---|---|
| VORWORT: | Norbert Walter | 9 |
| GRUSSWORTE: | Volkram Gebel | 11 |
| | Fritz Süverkrüp | 13 |

## RICHARD ANDERS
## EIN ERFOLGREICHER UNTERNEHMER  15

### WURZELN UND MOTIVE
Das Elternhaus  19
Die Maurerlehre  24
Fundamente werden gelegt  26
Ein 21-Jähriger gründet eine Firma  29

### DIE AUFBAUJAHRE
Väterliche Freunde und Berater  33
Ein Vorzeige-Objekt macht den Weg frei  37
Die Meisterprüfung  42
Frau Bolde dreht das Glücksrad  44
Ein Zwischenspiel auf See  46

### ERFOLG UND STABILITÄT DURCH VIELFALT
Wohnungsbau und Prestige-Objekte  48
Aus dem Baugeschäft erwachsene Betriebe und
Geschäftszweige  54
Anders Immobilien KG  56
Der Weg zum Stern – Anders Kraftfahrzeuge GmbH  59
Im Glanz der Sterne  62
Weitere Sterntaler  67

**25 JAHRE RICHARD ANDERS**

| | |
|---|---|
| Richard Anders läßt bitten und alle kommen | 71 |
| Feiern mit Blick nach vorne | 72 |
| Alle loben Richard Anders | 77 |

**ZUKUNFTSPERSPEKTIVEN**

| | |
|---|---|
| Die «Hohe Wacht» – ein hohes Ziel | 82 |
| Es gibt noch manches zu tun | 92 |

**RICHARD ANDERS EIN ANDERSDENKER?**

| | |
|---|---|
| Der Marktwirtschaft verbunden | 100 |
| Besessenheit und Bescheidenheit | 104 |
| Über den Wolken – grenzenlos | 106 |
| Was gleichet auf Erden dem Jägervergnügen | 109 |
| Richard Anders liebt die Geselligkeit | 111 |
| Richard Anders engagiert sich | 114 |
| Eine Ehrung besonderer Art | 118 |
| My Home is my Castle | 120 |
| Doch alles Gute kommt von oben | 125 |

# VORWORT

Richard Anders hat seinem Buch den Titel «Auf der Zielgeraden» gegeben. Im Englischen würde er lauten «On the home stretch». In Mark Twains Sprache wird viel plastischer, wie der Jubilar seinen jetzigen (Un)Ruhestand empfindet. Ich sehe ihn vor mir: Lächelnd, ja glücklich strahlend, mit zufriedenem Blick auf das Erreichte, aber gleichzeitig auch immer wach, gespannt, neugierig und das Ziel nicht aus dem Auge lassend.

Dieser Richard Anders ist immer voller Ideen, umtriebig, aber er ist nicht hektisch. Er ist nicht — wozu es wahrlich Anlass gäbe — voll Selbstlob oder belehrend. Ganz das Gegenteil ist er: Er ist ein guter Zuhörer, ein sorgfältiger Beobachter, ein stiller Verarbeiter. Reden ist es nicht, worauf es ihm ankommt, es ist das Handeln, das ihn auszeichnet: Zielsicher, selbstverständlich, aber dabei nimmt er sein Gegenüber, sei es der Mitarbeiter, der Kunde oder die Verwaltung, jeweils mit.

*Prof. Dr. Norbert Walter*

Wer bin ich, dass ich dieses Vorwort für das Buch von und über Richard Anders schreibe? Es gab viele Wichtigere und ihm Näherstehende, die das hätten tun können. Ich bin nur eine von diesen August-Sternschnuppen, die kurz auftauchen, hell werden und wieder verschwinden. Mein wichtigster Kontakt zu Herrn Anders ist der als Kunde. Er hat mein erstes Eigenheim in Kiel Molfsee gebaut. Das war ein «Neuzeit-Haus», ein Haus in moorigem Grund, mit ungewöhnlicher Architektur. Das «Haus mit den Ketten» (als Regenrinnen), wie es meine Kinder nannten. Es war ein rundherum gelungenes Experiment mit dem Generalunternehmer Anders, der mir ermöglichte, gute ostholsteinische

## Vorwort

Handwerker für meinen Hausbau zu haben. Die Dinge gelangen, und alles blieb im Zeitplan! Mit diesem beidseitigen Erfolgserlebnis kamen wir uns näher und gewannen «natürlich» Vertrauen zueinander.

Hätte ich die Biografie von Herrn Anders gekannt, hätte ich besser verstanden, warum unsere Beziehung so spontan gelang. Vieles von seiner Herkunft, seinem Willen, seinem Wunsch nach frühestmöglichem Selbständigsein, nach Frühstart mit der eigenen Familie, der Geborgenheit in Gott, erinnert mich an meine eigenen Bezüge. Selbst die Nebenverdienste in der Landwirtschaft (ich pflückte und vermarktete die eigenen Erdbeeren), die Geschichte mit dem mühsamen Erwerb des Fahrrads und meinem Start ins Arbeitsleben auf dem Bau — freilich nicht als richtiger Berufseinsteiger, sondern als Hilfsarbeiter für 98 Pfennig Stundenlohn im Jahre 1958 — machen die Parallelen deutlich. Genießen Sie die Fülle an reizvollen Geschichten aus Richard Anders Leben!

Trotz unserer guten Kunden-/Lieferantenbeziehung war ich sehr überrascht, als mich Herr Anders bat, zum 25jährigen Firmenjubiläum einen Vortrag zu halten. Wie immer wollte er keine Jubelrede, sondern einen realistischen Ausblick. Er bekam ihn und er hörte — wie immer — sorgfältig hin. Das, was ich damals sagte, fand in seinem Handeln Niederschlag. Er, der Bauunternehmer, suchte Vielfalt auch im Unternehmerischen und er diversifizierte. Er, der geborene Unternehmer, klebte an keiner Scholle und verlor dennoch seine Wurzeln nicht. Die Investitionen in den Kfz-Bereich und in den Tourismus sind dafür die auffälligsten Belege. In diesem letzten Feld hatten wir, «die Walters» und «die Anders», immer wieder erneut Begegnungen. Ich hoffe, es macht noch das eine oder andere Jahrzehnt Freude, in der Perle an der Ostsee, der Hohen Wacht, zusammenzutreffen zum Klönschnack und zum Weiterplanen. Hoffentlich hört bei diesem Wunsch der liebe Gott zu und macht uns keinen Strich durch die Rechnung.

# ZUM GELEIT

Für eine fast amerikanisch anmutende Erfolgskarriere im Holsteinischen steht ein Name: Richard Anders, der Bauunternehmer, Autohändler und Hotelier aus dem Holsteinischen. Was zunächst mit einem kleinen Baugeschäft in Hohenfelde im schönen Kreis Plön vor mehr als 40 Jahren begonnen hatte, wuchs bald nicht nur zu einem der größten Bauunternehmen im Kieler Bereich heran, sondern «Stein auf Stein» entwickelte Richard Anders daraus eine inzwischen längst traditionsreiche Firmengruppe, die heute in unterschiedlichen Bereichen aktiv ist. War er zunächst mit kleineren Reparaturaufträgen und dann dem Bau von Eigenheimen als Existenzgründer gestartet, kamen später weitere Firmen hinzu, wie ein eigenes Stahlbetonwerk oder eine Immobilien KG. Aber auch in anderen Branchen, als Vertreter einer Auto-Nobelmarke und im Touristik- und Wellnessbereich mit der Hotelanlage «Hohe Wacht», ist der  immer noch hart arbeitende Manager und überzeugte Marktwirtschaftler seit vielen Jahren tätig. Richard Anders konnte nur so erfolgreich sein, weil er immer wieder rechtzeitig Trends in der Gesellschaft erahnte, die Rahmenbedingungen für eigene Aktivitäten jeweils nüchtern analysierte, dann aber auch entschlossen seine Chancen nutzte. Seine Philosophie war dabei zugleich einfach wie auch schlüssig und überzeugend. Durch Qualität, Nachhaltigkeit und örtliche Verbundenheit – in der Erkenntnis «all business is local» – gewann er Vertrauen, erzielte Erfolge und wurde somit eine der prägenden Unternehmerpersönlichkeiten in unserem Kreis Plön. Richard Anders begnügte sich aber nicht damit, ein erfolgreicher und angesehener Unternehmer zu sein, sondern engagierte sich auch immer wieder ehrenamtlich für seine Heimat, insbesondere für bauliche Schätze aus der Vergangenheit, aber auch durch eigene Mitarbeit in gesellschaftlichen Institutionen. Und nicht zuletzt trat er immer wieder auch als Mäzen auf. Zu Recht wurde er mit dem Verdienstorden der Bundesrepublik Deutschland ausgezeichnet. Als Landrat freue ich mich, gerade in der gegenwärtig konjunkturell schwierigen Zeit einen Mann wie Richard Anders unter unseren Mitbürgern zu wissen, der gemeinsam mit seiner Familie auch weiterhin für Arbeit und damit auch Wohlstand in unserer Region sorgen wird. Trotz des jetzt erreichten «Rentenalters» gibt es für Richard Anders noch viel zu tun – und er wird es anpacken!

Dr. Volkram Gebel, Landrat

# GRUSSWORT

Verehrte Leserinnen und Leser, ein erfolgreicher und verantwortungsbewußt handelnder Unternehmer zeichnet sich gemeinhin dadurch aus, daß er vorausschauend und zielorientiert handelt. Auf andere Art läßt sich ein Unternehmen auch kaum erfolgreich steuern. Mit 65 Jahren darf sich aber auch ein Unternehmer einmal einen besonderen Luxus leisten, zum Beispiel einen Blick zurück. Richard Anders gehört zu denen, die diesen Blick zurück mit Stolz auf das schon Erreichte tun können und in der sicheren Gewißheit, zumindest die meisten Chancen, die sich ihm bisher geboten haben auch genutzt zu haben. Daher möchte ich ihm im Namen der Industrie- und Handelskammer zu Kiel und auch persönlich nicht nur zum 65. Geburtstag, sondern auch zu einer beeindruckenden unternehmerischen Leistung gratulieren. Nun gibt es sehr unterschiedliche Ansichten darüber, was einen Unternehmer und seine Leistung eigentlich ausmacht.  Und je nach eigenem Standort mag man darüber streiten können, ob der eigentliche berufliche Erfolg, zusätzliches ehrenamtliches Engagement oder die Fähigkeit, all dies mit einem harmonischen Familienleben zu verbinden die größere Leistung ist. Richard Anders führt diese Diskussion sehr gelassen, denn er erfüllt all diese Kriterien. Dabei ist er seiner Überzeugung treu geblieben, nach der jeder im Rahmen seiner Möglichkeiten Verantwortung zu tragen und zum Gemeinwohl beizutragen hat. Diese Überzeugung lebt er sowohl im beruflichen Bereich, wo er mehrere erfolgreiche Betriebe in der Bau- und Wohnungswirtschaft, im Kfz-Handel, in Gastronomie und Hotellerie aufgebaut hat, als auch in der Industrie- und Handelskammer zu Kiel, in der er sich seit fast 20 Jahren in der Vollversammlung und im Regionalbeirat Kiel engagiert. Zudem ist er aktiv in der Kommunalpolitik, weil er weiß, daß Wirtschaft vor Ort ein gesundes Umfeld braucht, und er hilft im Rahmen der von ihm initiierten Kulturstiftung, die kulturellen Schätze in seiner Region zu erhalten, weil auch Kultur ein wesentliches Standortelement ist.

Geschafft hat er all dies mit viel Phantasie, kaufmännischem Geschick, sprichwörtlicher Beharrlichkeit und Durchsetzungskraft und einem ausgeprägten Gespür für Chancen, gepaart mit der Fähigkeit, die eigenen Möglichkeiten nüchtern einzuschätzen. Richard Anders unternimmt, er übernimmt sich nicht. Und dabei diente ihm die Familie immer als Jungbrunnen. Wenn also jemand als Vorzeigeunternehmer im allerbesten Sinne gelten kann und muß, dann ist es jemand wie Richard Anders.

Ich wünsche ihm, daß ihm seine Energie und Schaffenskraft auch auf der Zielgeraden seines Wirkens erhalten bleiben und wir alle noch lange auf sein Engagement in allen Bereichen und besonders in der IHK zu Kiel zählen können.

Dr. Fritz Süverkrüp
Präsident der Industrie- und Handelskammer zu Kiel

# RICHARD ANDERS
## EIN ERFOLGREICHER UNTERNEHMER

Man stelle sich vor, ein erfolgreicher Unternehmer spielt Skat: schnell, entschieden, hat alles im Blick, gewinnt fast jedes Spiel, die Skat-Brüder fürchten ihn.

Richard Anders ist ein erfolgreicher Unternehmer und ihn fürchten seine 21 Skatbrüder auch, aber weil er so bedächtig und zögerlich spielt, weil er bei jeder Karte, die er ablegt, mehrmals überlegt, auch manchen nicht an der Runde beteiligten Skatbrüdern das Skatblatt hinhält und fragt: «wie würdest Du spielen?» Da ist nach der Auslosung der Tische

an den monatlich einmal stattfindenden Skatabenden, deren Spielergebnisse für gemeinnützige Zwecke gespendet werden, schon mal ein leises Seufzen zu hören: «ich sitze an Richards Tisch, da werden die Runden lange dauern.»

Bei Richard Anders ist das kein Widerspruch. Er ist ein Unternehmer, der alle Entscheidungen, die er zu treffen hat, ob am Skattisch oder in seinem Unternehmen, auf das Gründlichste durchdenkt und immer Rat einholt, im Unternehmen nicht zuletzt bei seinen Bankern. Er will und kann nicht verlieren. «500 Euro zu verschenken ist ganz leicht, 50 Cent zu verlieren aber sehr schwer», gibt er zu. Das treibt ihn zum Erfolg, am Skattisch und bei seinen unternehmerischen Entscheidungen. Verlieren ist für ihn persönliches Versagen, Erfolg ein Genuß.

Vor 65 Jahren, am 14. September 1938 als zweitjüngster von sechs Brüdern in eine Arbeiterfamilie geboren, hat er zunächst nicht viel zu entscheiden gehabt. Das meiste wurde für ihn entschieden. Die Dorfschule, die mit der achten Klasse endete, die Lehre bei einem Maurermeister, die Verpflichtung zur finanziellen Unterstützung der Familie, nachdem der Vater zum Invaliden geworden war.

Warum ausgerechnet er sich nicht lebenslang «in sein Schicksal gefügt» hat, ist nicht zu sagen. Vielleicht waren es die vier älteren Brüder, die sein Durchsetzungsvermögen gestärkt haben, die ihn dazu gebracht haben, so bald wie möglich eigene Entscheidungen zu treffen und eigene Wege zu gehen. Aber zusätzlich hat er sicher auch noch den starken Willen von Vater und Mutter mitbekommen, um schon bald überzeugt zu sein 'Du, Richard, willst mehr und kannst mehr!'

Was er heute als Großvater von fünf Enkeln sagt, «ein Leben ohne Arbeit ist für mich überhaupt gar nicht vorstellbar; Arbeit ist für mich auch gar keine Last, sondern ganz selbstverständlich», das hat er entweder sehr früh gelernt oder — wahrscheinlicher — schon mit der Muttermilch eingesogen. Das allein genügt aber nicht, sonst müßte es viele vergleichbar erfolgreiche Unternehmer geben, die wie er bei Null angefangen haben. Angeboren ist ihm das unternehmerische Gespür. Einer seiner zuverlässigsten Freunde und Berater, Dieter Gasser, viele Jahre Sparkassen-Direktor in Plön, sagt: «Ich habe selten einen Unternehmer getroffen, der ein so sicheres Gespür hat wie Richard Anders, wann er ein erfolgreiches Geschäft abschließen kann. Wenn Richard Anders zögert, kann man getrost davon ausgehen, daß es der falsche Zeitpunkt oder das falsche Geschäft ist. Auch wenn sich das manchmal erst nach Jahren herausstellt.»

Inzwischen ist Richard Anders in dem Alter, in dem die meisten Männer 'in Rente gehen', um dann nicht selten zum Opfer ihrer lebenslangen Unzufriedenheit zu werden. Ihm kann das nicht passieren. Er möchte alt werden, mindestens so alt wie der Großvater, der 90 wurde, und er möchte eigentlich keinen Tag ohne Arbeit, und das heißt für ihn ohne Lebensfreude, sein. Was nicht bedeutet, daß es für ihn nicht auch andere Vergnügen gibt. Pläne dafür, was er in den kommenden Jahren noch verwirklichen will, hat er genug, und dann wird sich sicher auch noch manches Unvorhergesehene ergeben.

Trotzdem hat er wie jeder verantwortungsvolle Unternehmer längst überlegt, wie es weitergehen soll, wenn er nicht mehr die unternehmerischen Geschicke lenken wird.

Auch als Hausvater, der er all die Jahre viel zu wenig gewesen ist, macht er sich Gedanken über die Zukunft seiner Söhne. «Ein einziges Mal bin ich mit der Familie spazieren gegangen», erinnert er sich etwas verlegen. Er ist ganz und gar in der Arbeit aufgegangen. Zum Glück hatte er schon früh seine Frau Elke geheiratet, die neben der tatkräftigen Hilfe im Betrieb auch noch die beiden Söhne Hauke und Carsten großgezogen hat. Sie wurden sorgfältig ausgebildet und auf ihre Aufgaben vorbereitet.

Hauke machte nach zwei abgeschlossenen Lehren als Kaufmann und als Kfz-Mechaniker noch ein Studium zum Betriebswirt, wurde nachhaltig auf die Leitungsübernahme der Kfz-Betriebe vorbereitet. Carsten machte nach dem Abitur eine Lehre bei der Landesbank in Kiel, um sich dann mit einem Ingenieurstudium auf die Nachfolge im Baubetrieb vorzubereiten. Beide Söhne im gleichen Unternehmen, das war für den Vater unvorstellbar, «da muß man sich erzürnen, das ist der sichere Weg zum Firmen-Untergang und darüber hinaus zur Trennung der Familien.» Das hat er bei anderen oft genug erlebt.

Aber die Söhne werden die Betriebe auch nicht erben, sagt der Vater, um davon zu leben, sondern um sich ihr Brot damit zu verdienen und sie weiter auszubauen. Wären Hauke und Carsten nicht bereit gewesen, die damit verbundene große Verpflichtung zu übernehmen, «ich hätte alles der Kirche geschenkt. Das ist so. Und das war auch hier bekannt.» Das ist auch Richard Anders.

**Einen Betrieb zu gründen ist nicht schwer, einen Betrieb zu führen umso mehr**

Inzwischen sind die gut ausgebildeten Söhne erfolgreich, und der Vater ist mit Recht stolz auf sie. Sie gestalten ihre Unternehmensbereiche eigenverantwortlich. Bereits heute handeln sie nach dem bewährten Grundsatz: «Was du ererbt von deinen Vätern, erwirb es, um es zu besitzen.»

*Von wegen Ruhestand — noch bedeutet sie sein Leben, die Kommandobrücke.*

Wurzeln und Motive

# DAS ELTERNHAUS

«Das ist so.» mit dieser eher beiläufigen Feststellung beendet Richard Anders viele seiner Sätze. Nicht, um jeglichem Widerspruch zuvorzukommen, sondern weil die Dinge, die er einmal erlebt oder durchdacht hat, eben so sind oder so geworden sind, wie sie sein sollen.
Könnte sein, daß Großvater und Vater schon ihre Sätze mit «das ist so» beschlossen haben.
Richard Anders ist stolz auf die Geschichte seiner Väter.

Der Großvater August Anders war Vogt – heute würde man vielleicht Sachwalter dazu sagen – auf Gut Neuhaus bei Kiel, das den Grafen von Hahn gehört. Hinter Gut Neuhaus gibt es bis heute eine «August Anders Koppel». Rudolf Anders, der Vater von Richard Anders, war eines von zwölf Kindern und mußte schon mit zwölf Jahren aus dem Haus, um sich selber sein Brot zu verdienen.

## Wurzeln und Motive

*Vater Rudolf Anders als Soldat 1918*

Nachdem er im Ersten Weltkrieg vom ersten bis zum letzten Tag gedient hatte, fand er 1918 eine Anstellung als Landarbeiter auf dem Gut, wo sein Vater Vogt gewesen war. Er muß sich sehr für seine Kollegen engagiert haben, denn schon bald wurde er zum Rädelsführer gewählt – heute wäre das der Betriebsratsvorsitzende – und hat dann gefordert, daß alle, die auf dem Hof arbeiteten, eigene Kammern bekamen, allenfalls zwei eine gemeinsame Kammer. Alles Weigern und Zögern von Graf und Inspektor halfen nichts, der Druck wurde so groß, daß schließlich Kammern eingerichtet wurden. Allerdings ist auch überliefert, daß schon wenig später der Graf fragen ließ, ob in diesen Kammern Schweine oder Menschen hausen.

«Dann kam der Marine-Aufstand in Kiel, der auch auf das Land übergriff, da gehörte mein Vater auch zu den Organisatoren. Der Hof wurde besetzt, die Polizei entwaffnet, und das hieß natürlich, als dann alles wieder zusammenbrach, fristlose Entlassung. Kein Bauer wollte ihn mehr einstellen. Im Zuge der Agrarreform war in Deutschland bereits 1805 die Leibeigenschaft aufgehoben worden, aber die Gutsbesitzer gewöhnten sich nur langsam an den neuen Status ihrer Arbeiter. So gab es auf manchen Gütern lange noch Übergriffe, Zwangsmaßnahmen und Mißachtung von Recht und Menschenwürde. Vieles mußte von den Landarbeitern erkämpft und erstritten werden.

Der Vater hat dann das Strohdachdeckerhandwerk gelernt, hat als selbständiger Reet-Dachdecker gearbeitet und ist schließlich Landesinnungs-Obermeister von Schleswig-Holstein geworden.

*Das sichtbare Zeugnis der handwerklichen Tüchtigkeit des Vaters — ein meisterhaft gelungenes Reetdach.*

Eines hat er leider nie verstanden, so richtig als Unternehmer Geld zu machen. Er war zwar selbständig, aber er hatte nie den Ehrgeiz, jetzt nun mal wirklich was aufbauen und verdienen zu wollen. Vielleicht hatte es auch damit zu tun, daß er immer Sozi blieb.»

Das wollte der Sohn nun ganz anders machen.

Aber einfach war das nicht. Richard war der fünfte von sechs Söhnen der Familie Anders. Immer hatten die Eltern noch auf eine Tochter gehofft.

An Taschengeld war damals nicht zu denken. Hatte ein Junge wie Richard Wünsche, die über das tägliche Brot hinaus gingen, mußte er selber sehen, wie er sie verwirklichen konnte. Sein größter Wunsch war ein eigenes Fahrrad. Also trug er Zeitungen aus. Die Kieler Nachrichten und einige Volkszeitungen waren aus dem Nachbarort zu holen und dann früh morgens in die Briefkästen des 70-Einwohner-Dorfes zu verteilen. Das brachte pro Monat DM 5,80 — in ungefähr zwei Jahren ein schönes Fahrrad. «Aber dann», sagt Richard Anders heute ganz ungerührt, «dann verunglückte mein Vater, meine Mutter brauchte das Geld, und damit gab es auch kein Fahrrad mehr.» Er hat weiter Zeitungen ausgetragen und das Geld abgeliefert.

1951 war für die Familie ein schreckliches Jahr. Der Vater verunglückte so schwer, daß er zum Invaliden wurde. Bruno, der älteste der sechs Brüder, starb wenige Wochen später bei einem Verkehrsunfall. Er war bereits ins väterliche Dachdeckergeschäft eingestiegen und hatte es übernehmen sollen. Keiner der Brüder konnte zu diesem Zeitpunkt den Betrieb weiterführen, die Mutter allein schon gar nicht, und so mußte der Reet-Dachdecker-Betrieb Rudolf Anders aufgegeben werden. Immerhin konnte der Vater noch bestimmen, daß auch seine jüngsten Söhne wie die älteren ein solides Handwerk lernen sollten. Denn «keiner der Söhne soll jemals als Tagelöhner beim Bauern arbeiten müssen».

*Silberhochzeit der Eltern Anna und Rudolf Anders*

Für Richard fand sich eine Maurer-Lehrstelle bei Adolf Wulf in Dransau, die war gerade frei. Es hätte auch eine als Elektriker oder Tischler sein können, aber nun lernte der Junge eben Maurer. Was einer gerne lernen will, danach wurde nicht groß gefragt. So war das damals.

Sieben Männer und eine Frau – die Mutter. «Sie war die Stärkere, sie hat die Familie bestimmt», erinnert sich Richard Anders. «Nachdem der Vater verunglückt und arbeitsunfähig war, hat sie von dem Versicherungsgeld Land gekauft, einen Kuhstall gebaut und zwei Kühe hineingestellt. Den großen Garten hatte sie auch zu bewirtschaften. Bevor sie uns morgens geweckt hat, hatte sie schon die Kühe gemolken, im Sommer im Garten gearbeitet, unser Frühstück vorbereitet, die Fahrräder aus dem Schuppen geholt und die Brottaschen drangehängt. Und auch jeden Morgen die Schuhe geputzt, denn das gab es nicht, daß wir mit ungeputzten Schuhen zur Schule oder in die Arbeit gingen.»

Vom Lehrlingslohn ihres Zweitjüngsten — fünf Mark pro Woche — hat sie die Hälfte für das Haushaltsgeld einkalkuliert. Das mußte sie, denn es ist eine sehr arme Zeit. Bundesweit zählt man zwei Millionen Arbeitslose, Anfang 1950 gibt es noch Lebensmittelkarten. Deutschland sucht wieder internationalen Anschluß, 1953 spielt die bundesdeutsche Nationalmannschaft Fußball gegen die Schweiz. Es ist die erste internationale Begegnung, sie gewinnt sogar das Spiel mit 1:0, dank Helmut Rahn. «Das Wunder von Bern».

Nach dem verlorenen Krieg und dem bald einsetzenden Wiederaufbau der zerstörten Städte werden die Menschen wieder mutiger und selbstbewußter. Man kann wieder planen, für das verdiente Geld etwas kaufen. Hier erwächst in dem Jüngling bereits ein erster Bezug zu Geld und Geldverdienen.

# DIE MAURERLEHRE

Im April 1953 begann Richard Anders seine Lehre als Maurer. Das Bauunternehmen Wulf hatte zwei Gesellen und einen Arbeiter, aber dafür sieben bis neun Auszubildende, damals hieß es noch Lehrlinge. Anders als heute mußten zur damaligen Zeit die Lehrlinge das Geld für die Firma verdienen, und kein Lehrling wurde gefragt, ob ihm der Beruf, den er da lernen sollte, Spaß macht. «Lehrjahre sind keine Herrenjahre», wie oft mag er diesen Spruch, auch vom Vater, gehört haben; und noch einen Spruch hatte der Vater auf Lager: «Jeder gestandene Mann muß mindestens ein Jahr beim Teufel dienen können».

Richard Anders erinnert sich, daß er mit 15 Jahren zu einer Baustelle geschickt wurde, wo ein LKW-Anhänger mit Verblendsteinen zu entladen war. Was heute nicht mehr vorstellbar ist, ohne Absetzkran. Der Fahrer setzte die Steine auf die Kante des LKW, der Lehrling Richard Anders mußte sie herunternehmen und stapeln. Handschuhe anzuziehen, wie es heute üblich ist, war total verpönt. Es war einfach unmännlich. So kam es oft vor, daß den Jungen das Blut aus den Fingerspitzen lief. Ein LKW war damals mit 240 Sack Zement beladen, es war Lehrlingsarbeit, ihn zu entladen. Die Säcke wurden zur Baubude geschleppt und dort in Zehner-Schichten aufgestapelt. Wenn es im Winter keine Arbeit gab, mußten die Lehrlinge das Gerüstholz entnageln und die Nägel gerade klopfen, damit sie im nächsten Jahr wieder

*So ein Gerät hätte sich damals ein Lehrling nicht im Traum vorstellen können!*

verwendet werden konnten. «Als Lehrgeld erhielten wir damals pro Woche fünf Mark, wovon die Hälfte zu Hause für Essen und Trinken abgeliefert werden mußte. Kein Lehrling würde sich heute solche Grausamkeiten gefallen lassen».

Richard Anders ließ das alles kalt. Er dachte konstruktiv, schmiedete Zukunftspläne und legte Fundamente. Voll Dankbarkeit denkt er bis heute an seine Lehrzeit zurück. Sparsames Wirtschaften habe er da gelernt und wie man durch geringen Einsatz viel erreichen kann.

Und schon erzählt er die wunderbare Geschichte, wie er von seinem Polier Hans Rönnfeld mit dem Fahrrad sechs Kilometer von Pratjau nach Dransau zum Meister geschickt wurde, um Nägel zu holen. «Der Meister wollte genau wissen, wie viele und wofür sie benötigt werden. Ich berichtete, daß nur noch ein bereits halb montiertes Türgehänge zu befestigen sei; darauf bekam ich vier Nägel. Als ich die Werkstatt gerade verlassen hatte, wurde ich zurückgerufen mit dem Hinweis, ich solle lieber einen Nagel zusätzlich mitnehmen. Es könne womöglich einer krumm geschlagen werden».

Hans Rönnfeld war dann später, nach der Firmengründung, zusammen mit dem Kollegen Herbert Dohrn, einer der ersten Mitarbeiter in der Firma Anders.

# FUNDAMENTE WERDEN GELEGT

Richard Anders wollte nach oben. Dabei dachte er nicht etwa an einen Lottogewinn, nein, gerade 19jährig kaufte er ein Grundstück in Hohenfelde, um sich ein eigenes Haus zu bauen. Er müßte aber nicht Richard Anders gewesen sein, wenn er dabei nur an Wertschöpfung gedacht hätte. Nein, da gab es noch ganz andere Wünsche. Er war jung, er wollte sich freischwimmen, Beeinflussungen abschütteln. Er wollte sein eigenes, warmes Nest haben, und heiraten wollte er auch.

Nach der Lehrzeit wechselte er zu einer anderen Firma, deren Personal sich auf den Eigentümer und zwei Lehrlinge beschränkte. Mit nicht einmal 18 Jahren wurde er hier mit der Aufgabe betraut, Baustellen oder Reparaturen zu betreuen.

Einer der ersten Aufträge hieß, mit der Unterstützung zweier Lehrlinge im Nachbardorf an einem alten Bauernhaus ein neues Wohnhaus anzubauen. Der Auftrag umfaßte sämtliche anfallenden Arbeiten, von Beton-, Maurer-, Estricharbeiten bis zur Dacheindeckung. Der Beton wurde mit der Schaufel angemischt, Fertigbeton, wie heute Readymix, gab es damals noch nicht. Da der Firmeninhaber seine Aufgabe nicht mehr voll erfüllen konnte, hatte Richard Anders die Chance, bereits mit 18 Jahren die Leistungen mit den Bauherren abzurechnen, die Lehrlinge auszubezahlen. Eine erste Einübung in die Selbständigkeit.

*19jährig kauft er ein Grundstück in Hohenfelde*

In einer neuen Firma arbeitete er in einer Kolonne mit vier Maurern und einem Arbeiter. Freitags wurde der Lohn auf der jeweiligen Baustelle bar auf die Hand ausgezahlt, in der Tüte und mit Lohnstreifen, wie das früher so war. Und weil nur im Akkord gearbeitet wurde, gab es meistens einen kräftigen Zuschuß, das konnten durchaus 50 bis 70 Mark sein. Auf dem Lohnzettel durfte dieser Betrag allerdings nicht vermerkt sein, denn dann hätten die Ehefrauen zu Hause die Hand aufgehalten und das Geld für die wöchentlichen Total-Besäufnisse hätte gefehlt.
Richard Anders sparte sein Geld und verdiente sich noch dazu. Selbst sein PKW, der alte Schinken, ein Vorkriegsmodell, war nachts als Taxi im Einsatz. Amerikanische Soldaten, schwarze und weiße, wurden von ihrem Standort Todendorf nach Lübeck und Kiel gefahren. So verdiente sich der Lehrling und später der Maurergeselle, stets einfallsreich und pfiffig, aber mit unermüdlichem Einsatz, das Startkapital für sein Bauunternehmen.
Die normale Wochenarbeitszeit war 48 Stunden, aber schon damals haben fleißige Handwerker sich noch einen Nebenjob gesucht. Diese Möglichkeit bot sich abends, samstags und sonntags in der Landwirtschaft, die sich im Aufbruch befand. Es wurden Ställe gebaut.

«Zu Hause», so berichtet Richard Anders, «hatte mir mein Vater einen Stallplatz zur Verfügung gestellt, so daß ich nebenbei noch Schweine mästen aber auch züchten konnte.
Ich wollte ganz einfach Geld verdienen. Mein Ziel war es, so schnell wie möglich ein eigenes Grundstück zu kaufen, um mein eigenes Zuhause errichten zu können. Der in Hohenfelde erworbene Bauplatz liegt heute direkt neben unserem Firmensitz. Seinerzeit ist die Köhner Mühle abgebrannt, sie lag etwa drei Kilometer von meinem Firmen- und Wohnsitz entfernt. Mit dem Eigentümer Graf Hahn habe ich dann verhandelt, die Restruine der

Mühle abbrechen zu dürfen. Das Baumaterial, insbesondere die Steine, habe ich dann nach Hohenfelde gebracht, um damit ein Wohnhaus zu bauen. Nur für die Außenverblendung habe ich neue Steine verwendet, das Kellermauerwerk und das Hintermauerwerk stammten von der Köhner Mühle».

*Noch eben ein Jüngling, baut sich Richard Anders aus Ruinenteilen sein Haus. Mit sparsamsten Mitteln zwar, aber kompromißlos in Gestaltung und Qualität. (Foto 2002)*

Kreativität, Mut und Ideenreichtum – diese Werte werden auch in Zukunft Garanten für die zu gründende Firma sein. So hat Richard Anders schon als junger Mann Maßstäbe gesetzt.

# EIN 21-JÄHRIGER GRÜNDET EINE FIRMA

Es war der 25. Januar 1960, in Deutschland gab es Kälterekorde und Schneechaos. Der gerade 21jährige Richard Anders schreitet zielgerichtet zur Amtsverwaltung, damals in Panker, und meldet sein Gewerbe an. Nun ist er selbständig. Es war die Geburtsstunde der Firma **Richard Anders Bauunternehmen**. Das selbst gebaute Haus war gerade für das frisch vermählte Paar Richard und Elke Anders bezugsfertig. Später haben beide Söhne, Hauke und Carsten, hier das Licht der Welt erblickt. Richard Anders brauchte diesen Platz, wo er mit seiner Familie glücklich war, um frei zu sein für seine Arbeit, für sein Unternehmen, in dem er immer 'der Selber' war. Mußte er doch jedwedes Handeln, alles Denken und Lenken selber erarbeiten und erproben. Spätestens jetzt erfuhr er, daß der Weg in die Selbständigkeit kein Spaziergang ist, sondern Knochenarbeit, für die man ein Höchstmaß an Härte und Durchsetzungsfähigkeit braucht. «Wer ein Unternehmen aufbauen will, muß bereit sein, sich voll einzubringen», haben alle erfolgreichen Unternehmensgründer festgestellt. Rückschläge sind auszuhalten, Enttäuschungen zu verarbeiten, Durststrecken zu überwinden.

«Dann bin ich doch ein klein wenig stolz»

Kein Wunder, daß Richard Anders oft schlaflose Nächte hatte. Er mußte zu Beruhigungsmitteln greifen, den fehlenden Schlaf hat er gedankenlos mit verstärkter Eßlust auszugleichen versucht, was zu Übergewicht führte. Das machte ihn wiederum unbeholfener, unattraktiver und steigerte seine Unzufriedenheit. Eine aufkommende Angina Pectoris war die Folge.

Hätte Richard Anders damals gewußt, daß laut Statistik 85% der Firmengründungen zehn Jahre nicht überleben und es nach zwanzig Jahren nur noch sechs von 100 ehemaligen Betrieben gibt, hätte ihn eine noch größere Unruhe gepackt.

«Wenn wir heute 42 Jahre selbständig sind, dann bin ich doch ein klein wenig stolz», sagt Richard Anders in der ihm eigenen Bescheidenheit.

Vielleicht aber erwächst gerade dem Autodidakten, dem nichts geschenkt wird, der sich alles selber erstreiten muß, ein ganz besonderer Lebens- ja Überlebenswille. Im Rückblick ist Richard Anders froh über seinen harten Sonderweg, denn die ihm bekannten Unternehmen, die in der klassischen Form gegründet oder übertragen wurden, die gibt es heute fast alle nicht mehr.

Das Jahr 1960 war keine schlechte Zeit für eine Firmengründung. In Deutschland fehlen mehr als 400.000 Arbeitskräfte. Die Bundesregierung plant, ausländische Arbeiter anzuwerben, heute wissen wir, mit welchen damals unbedachten Folgen. Richard Anders plant, rechnet sehr genau, entscheidet schnell, nachts macht er diese Aufgaben nochmals rückwärts — durchdenkt die Dinge vom Ende her.

Den Slogan «learning by doing» kannte er noch nicht, er hat auch nicht bei dem griechischen Philosophen Aristoteles nachgelesen, der bereits vor 2400 Jahren den scheinbar simplen aber immer noch gültigen Satz geschrieben hat: «was man lernen muß, um es zu tun, das lernt man, indem man es tut». Aber genau nach dieser Devise geht er seine Vorhaben an. Am 4. Februar des gleichen Jahres hat er bereits fünf Mitarbeiter. Und dann ist der erste Auftrag so richtig nach seinem Geschmack — eine Herausforderung. Ein bereits begonnener Rohbau soll fertiggestellt werden. Termingerecht und zur vollen Zufriedenheit des Auftraggebers wird der Bau fertig. Der Kontoauszug von der Sparkasse, nach Abzug aller Lohn- und Materialkosten, steht mit DM 250,00 im Soll.

Richard Anders läßt sich von diesem Ergebnis aber nicht entmutigen. Hat er doch an diesem Objekt viel gelernt und weiß, daß Erfahrung-Sammeln seinen Preis hat. Er hat jetzt ein Vorzeigeobjekt und hat sich damit seinen Leistungsbeweis geschaffen. Dadurch wachsen die Kräfte, sein Selbstbewußtsein und seine Zufriedenheit.

Durch eine amerikanische Studie wurde kürzlich die allgemeine Vorstellung widerlegt, daß Wohlstand, soziale Sicherung, Freizeit und Konsum die Menschen glücklich machen. Lebenszufriedenheit entstehe dadurch, daß Menschen Herausforderungen annehmen und meistern, sich selbst Ziele setzen, aktiv die eigenen Kräfte einsetzen, eigene Entscheidungen fällen.

Richard Anders weiß nichts von solchen Studien, er geht unbeirrt seinen Weg, produziert dadurch unbewußt Lebenszufriedenheit und setzt Kräfte frei zum Weitermachen.

Auch wenn die Bauern an der Ostsee schnell nach dem Krieg wieder Tritt gefaßt haben, so sind es doch weltpolitisch gesehen spannungsreiche Jahre. In Schleswig-Holstein haben sich die Menschen auf das ihnen Naheliegende besonnen, auf die Landwirtschaft. Hier fließen die ersten Gelder, die eigene Ernährung ist gesichert. Währenddessen vertieft sich die Kluft zwischen Ost und West. Bald trennt eine Mauer die Stadt Berlin und somit auch ganz Deutschland in zwei Teile.

Der junge Unternehmer aber hat ganz andere Sorgen.

**Dat mit dem Kredit, dat geiht in Ordnung**

«Am 23. Dezember 1960, also einen Tag vor Heiligabend, bekam ich einen Anruf von dem Sparkassenrendanten der für mich zuständigen Zweigstelle Schönberg. Er wies mich darauf hin, daß der Kontostand 1.950 DM im Soll betrug und er größten Ärger mit dem Vorstand in Plön bekäme, wenn dieser Betrag nicht bis zum 31.12. ausgeglichen würde. Jetzt zurückblickend weiß ich überhaupt nicht, ob ich damals einen Tannenbaum gesehen habe. Jedenfalls vereinbarte der Sparkassenrendant beim Vorstand einen Termin. Nach einem kurzen Gespräch mit dem Vorstand sagte der mir auf Plattdeutsch: «dat mit dem Kredit, dat geiht in Ordnung, ick rup in Schönberg an. Wenn Sie den Jahresabschluss fertig haben, dann reichen Sie uns diesen ein».
Er muß mächtig Eindruck hinterlassen und überzeugend argumentiert haben, der innerlich schlotternde, plattdeutsch sprechende Jungunternehmer.

## VÄTERLICHE FREUNDE UND BERATER

Richard Anders verschafft sich nicht nur selber die Übersicht, um zielgerecht handeln und entscheiden zu können. Er sieht sich immer auch als Teil eines Ganzen. Eigenbrötelei ist nicht seine Sache. Früh merkt er, daß gerade ältere Menschen Gefallen an ihm finden, ihn bewundern und bereit sind, ihm zu helfen

«Während der Aufbauphase meiner Firma wußte ich sehr oft den lieben Gott an meiner Seite. Aber auch vor Ort hatte ich viele Gönner und väterliche Freunde, die ich hier noch einmal erwähnen möchte.

Einer von ihnen ist **Hans Stolley**, damals Vorstandsvorsitzender der Kreissparkasse Plön. Er sprach, wie ich, fast nur Platt. Von seinen Nachfolgern weiß ich, daß er sich bei einem Kreditnehmer immer erst an zweiter Stelle die Bilanzen und Zahlen ansah und mehr Wert auf seine Einschätzung der Person legte. Er pflegte zu sagen: «dann will ick di mohl in de Ogen kieken». Nachdem mir in wenigen Minuten ein Firmenkredit bereitgestellt wurde, muß ich heute doch daraus schließen, daß er wohl einen guten Eindruck von mir gewonnen hatte.»

Hans Stolley war eine außergewöhnliche Persönlichkeit, mit dem Mut zu unkonventionellen Argumentationen. Wer sollte den jungen, schüchternen, Kredit und Rat suchenden Richard Anders, mit dem entschlossenen Blick und den geradlinigen Vorstellungen, besser verstehen. Für die Kreissparkasse Plön wurde Richard Anders zur folgenreichen Entdeckung und Hans Stolley für Richard Anders zum einflußreichen väterlichen Freund. Er hat ihn beraten, ihm aber auch, wenn es sein mußte, in seiner unmißverständlichen Art abgeraten.

Richard Anders erzählt das so: «Da ich in einem kleinen Bauerndorf mit kaum mehr als 70 Einwohnern aufwuchs, war anfangs für mich der größte Wunsch, einmal Bauer zu werden. Einen Hof konnten mir meine Eltern leider nicht vererben. Dem Vorstandsvorsitzenden und meinem späteren Freund Hans Stolley trug ich vor, daß ich gerne einen Bauernhof in der Kremper Marsch erwerben würde. Er lag direkt neben dem Gehöft meiner Schwiegereltern. Hans Stolley guckte mich ein paar Minuten an und sagte dann: Wenn du dir einen Bauernhof kaufst, dann sind wir Freunde gewesen. Für mich war es eine ernste Warnung, und der Ankauf eines landwirtschaftlichen Betriebes kam für mich somit nicht mehr in Frage.»

Vom Elternhaus her war der Bezug zur Kirche eine Selbstverständlichkeit. Wie er selber sagt, gehört das einfach dazu, wenn man auf dem Lande lebt und wirkt und arbeitet, um eine gesunde Lebenslage und ein gutes Fundament zu haben. Man merkt dann auch ganz schnell, daß Geld nicht alles ist. So wurde Richard Anders von **Pastor Konrad Genz**, der ihn schon konfirmiert hatte, gefragt ob er nicht Lust habe, sich im Kirchenvorstand mit zu engagieren. Er hat zugesagt und mußte es ein ganzes Leben lang nicht bereuen.
Zugehörigkeit scheint eines der Grundbedürfnisse von Richard Anders zu sein, wie essen und trinken oder schlafen. So war es für ihn eine Lebensnotwendigkeit, daß er Freundschaften suchte und pflegte. Entgegen dem Zeitgeist ist er viele Bindungen eingegangen, in Partei und Kirche, aber auch in Vereinen und Verbänden. Er hat sich engagiert und hat Verantwortung übernommen

«**Hermann Nordiger**, früher Chef des Finanzamtes Plön, gab nach seiner Pensionierung bis zu seinem Tode 1964 meine Steuererklärung ab. Wir sind durch die Jagd zusammengekommen. Bei ihm habe ich meinen ersten Bock geschossen. Er war bereits pensioniert und ich hatte gerade den Jagdschein gemacht. Hermann Nordiger war über 65 Jahre, das war für mich, einen 20-Jährigen, damals fast ein Greisenalter. Einmal erzählte er mir: Weißt du Richard, ich komme vom Bauernhof in Herford. Wir waren zwei Söhne. Mein Vater hat dann gesagt, der

Heinrich, mein Bruder, das ist der Pfiffige, der bekommt den Bauernhof. Der Hermann, der ist ein bißchen dummerhaft, den müssen wir beim Fiskus unterbringen. So bin ich beim Finanzamt gelandet.

Später war **Dr. Helmut Raudszus** aus Plön unser Steuerberater. Beide waren für mich weit mehr als nur Steuerberater, denn ich fand in beiden ehrliche Berater und Freunde. Dr. Raudszus war ein ganz anderer Mensch, er ist im Krieg Marineoffizier gewesen. Er war aus Berlin stammend und vom Charakter her ein wahrer aufrechter Preuße. Ich vergesse ihm nie, daß er mich, neben meinem Freund Dieter Gasser, als Steueranwalt und Notar, seinen Urlaub unterbrechend, nach Vechta begleitet hat. Hier kam es dann nach einer Marathon-Sitzung zum Vertragsabschluß mit Mercedes-Benz.»

«Ein ganz besonders freundschaftliches und vertrauensvolles Verhältnis hatte ich, und das gilt bis zum heutigen Tage, zu **Dieter Gasser**, einem der späteren Vorstände der Plöner Kreissparkasse.«

Es war und ist eine Freundschaft, geprägt durch die Geschäftsverbindungen, auch wenn man sich beim monatlichen Skatspiel trifft, gemeinsam zur Jagd geht und einander dann und wann privat einlädt. Gehalten hat diese Freundschaft über Jahrzehnte, weil Richard Anders, und das betont Freund Gasser, als Geschäftsfreund äußerst korrekt ist und niemals versuchen würde, sich durch freundschaftliche Verbindungen irgendwelche Vorteile zu verschaffen. Die erforderlichen geschäftlichen Verhandlungen und die bestehenden freundschaftlichen Kontakte waren immer völlig getrennt. «In geschäftlichen Fragen haben wir immer sehr ernsthaft verhandelt und jeder hat zugesehen, daß er das Wohl seines Unternehmens dabei nicht aus dem

Auge verlor. Natürlich gab es auch Auseinandersetzungen und Verstimmungen, aber wir konnten immer so gut miteinander reden, daß alles wieder glatt gezogen werden konnte.»

Richard Anders hat in seinem Freund Dieter Gasser immer auch besonders den Gesprächs- und Diskussionspartner geschätzt. Dessen lebenslange Erfolgsstory war das sorgfältige, stimmige Abwägen von Soll und Haben, diese Erfahrung machte er sich zu eigen. Kaum eine weiter reichende Entscheidung, die nicht lange und mit allem Für und Wider diskutiert und bedacht worden wäre. Nichts hat Richard Anders allein im stillen Kämmerlein entschieden, immer hat er Menschen seines Vertrauens um ihre Meinung und ihren Rat gefragt, allen voran Dieter Gasser. Dabei hat er dem Freund auch einiges abverlangt, denn die Diskussionen waren mitunter langwierig und auch ziemlich anstrengend, bis sich ein Ergebnis abzeichnete, das konnte dann durchaus auch das Verwerfen eines Projektes sein. Es ist so ähnlich wie beim Skat-Spiel, auch da überlegt er ja hin und her, bis er sich zu einer Entscheidung durchringt. «Allerdings», schmunzelt Dieter Gasser, «beim Skat-Spiel verliert er auch immer mal, bei seinen Unternehmungen ist das kaum je passiert.» Und faßt dann zusammen: «Unsere Freundschaft beruht wohl vor allem darauf, daß er das Empfinden hatte, daß wir nach den langen Diskussionen schließlich gemeinsam zu erfolgreichen und guten Ideen kamen. Dabei war und ist für mich beeindruckend, welches ausgeprägte Gespür er für Entwicklungen hat und wie bereitwillig er immer auch über die Gedanken und Einwände des Gesprächspartners nachdenkt, sie prüft und gegebenenfalls auch übernimmt. Für den großen Erfolg von Richard Anders war und ist es zweifellos von nicht zu unterschätzender Bedeutung, daß er immer andere Meinungen erfragt, bedacht und diskutiert hat, um dann seine Entscheidungen ohne Wanken zu verwirklichen.»

# EIN VORZEIGE-OBJEKT MACHT DEN WEG FREI

«Wir machen den Weg frei», so kennen wir's von einer Bankenwerbung. Richard Anders wußte, daß er seinen Weg selber freischaufeln muß. Und das ist ihm wahrlich gelungen, mit viel Schweiß, Grips und Talent, aber auch mit Gespür für sein Umfeld, für seine Mitmenschen. Wie sehr Mitmenschlichkeit auch im geschäftlichen Bereich Vertrauen schafft, erfuhr Richard Anders spätestens, als ihm bereits 1962 der Auftrag zum Bau der Kapelle in Hohenfelde übertragen wurde. Pastor Konrad Genz, mit dem sich Richard Anders heute noch freundschaftlich

*Pastor Konrad Genz, mit dem sich Richard Anders heute noch freundschaftlich verbunden fühlt, mußte es nie bereuen, dem blutjungen Unternehmer einen so gewichtigen Auftrag erteilt zu haben.*

verbunden fühlt, mußte es nie bereuen, dem blutjungen Unternehmer einen so gewichtigen Auftrag erteilt zu haben. Der junge Anders war ihm schon im Konfirmandenunterricht aufgefallen. Das Vertrauen beruhte wohl auf Gegenseitigkeit und hat bis heute keinen von beiden enttäuscht. Hier konnte sich der Jungunternehmer beweisen, mußte sich beweisen, das war er schon allein seinem Pastor Genz schuldig. Und es ist ihm gelungen – ein weithin sichtbares Objekt, von vielen Menschen besucht und bewundert. Richard Anders hatte nun allen Grund, stolz auf seine eigene Firma zu sein.

Giekau, den 17. April 1975

An den Kirchenältesten,
Herrn Bauunternehmer Richard Anders
Hohenfelde

Lieber Richard!
Die Kapelle in Hohenfelde gehört zu Deinen ersten Bauunternehmungen. Diese Urkunde über die Grundsteinlegung kam mir gerade in die Hände. Sie ist überzählig. Vielleicht möchtest Du sie als Erinnerungsstück Deinem Archiv einverleiben.

Herzlichen Gruß,
Dein alter Pastor Genz

# URKUNDE

## Anno Domini 1962, am 30. März

um 11 Uhr wurde der Grundstein dieses Hauses gelegt.

Es soll ein Haus Gottes werden. In aller Demut bieten wir es dem Höchsten an, daß Er es zu seiner Wohnung unter uns mache und uns als die Seinen darin empfange! Wo Gott einzieht, zieht das Leben ein; denn Gott ist nicht ein Gott der Toten, sondern der Lebendigen.

So hat es uns Christus verkündet, und so soll es weiter verkündet werden in der Kraft heiligen Geistes am Taufstein, am Altartisch des Herrn und von seiner Kanzel hier wie in allen Landen: Das Wort des Lebens, das uns alle vereint in Ihm, der unser Leben ist und bleibt in Ewigkeit.

Denn – leben wir, so leben wir dem Herrn, sterben wir, so sterben wir dem Herrn. Darum, wir leben oder sterben, so sind wir des Herrn, Amen.

Hohenfelde, den 30. März 1962

Der Kirchenvorstand:
gez. Konrad Genz,
Pastor

Der Patronatsherr: gez. Graf Hahn          Der Architekt: gez. Johannsen

Die Handwerksmeister:
gez. Rich. Anders   gez. Kißfeldt   gez. Kühl   gez. Wiese   gez. Herbst

Die Aufbaujahre

Das war natürlich auch ein guter Grundstein für die junge Firma Anders. Konnte man sich doch an diesem Objekt, weithin sichtbar, beweisen. Die Firma galt nun immer noch als jung, aber nicht mehr als unerfahren.

In nie vergessener Dankbarkeit hat dann im Jahre 1985 die Firma Richard Anders, zum 25jährigen Firmenjubiläum einen freistehenden Glockenturm, zu der Kapelle passend, gestiftet. Dazu gab es einen genehmigten Bauplan, und es gibt noch eine lustige Geschichte. Richard Anders erzählt: «Wir waren verpflichtet, den Architekten, der die Kapelle geplant hat, auch mit der Planung für den Glockenturm zu beauftragen. Der Architekt lieferte die Zeichnung, der freistehende Turm wurde von meiner Firma genau nach Plan bis zum Richtfest gebaut.

*So ähnlich hatten sich wohl die Planer den Turm vorgestellt, nicht aber Richard Anders*

Am nächsten Tag war ein Bild in der Zeitung. Als ich mit meinem Freund Dieter Gasser zusammentraf, sagte der zu mir. 'Was machst Du denn, schenkst der Kirche einen Garderobenständer'? Ich hatte selber schon davor gestanden und gedacht, das Ding kann so nicht bleiben.

Der von mir angesprochene Pastor Hube war der Meinung, daß wir bei einer Änderung den Architekten nicht übergehen dürfen. Der hat sich zunächst gesträubt, dann aber doch einer Erhöhung von drei Metern zugestimmt. Ich habe mich bedankt und aus den drei Metern dann einfach sieben Meter gemacht. Das Grundgerüst blieb bestehen, und wir haben einfach noch mal einen Dachstuhl obenauf gesetzt. Der Turm, mit dem nun alle zufrieden sind, meine Person eingeschlossen, hat jetzt zwei Dachstühle. Wenn da in 100 Jahren mal einer rein schaut, wird er sich wundern und keine Erklärung finden.»

*Bauplan hin, Genehmigung her, der Stifter setzt einfach noch eine Turmspitze drauf.*

## DIE MEISTERPRÜFUNG

Richard Anders hatte Grund, stolz auf seine Firma zu sein, sein Bauunternehmen zählte inzwischen beinahe 100 Mitarbeiter. Aus dem Jüngling war ein erfahrener Unternehmer geworden. Auf zahlreichen Baustellen – darunter auch Großobjekte, wie 70 Wohnungen in Preetz oder das SOS-Kinderdorf in Lütjenburg – wurde unter seiner Regie

> **HANDWERKSKAMMER LÜBECK**
> **MEISTERBRIEF**
>
> Herr Richard Anders, geb. am 14.9.1938 in Gleschendorf
> hat vor dem unterzeichneten
> Prüfungsausschuß die Meisterprüfung im Handwerk der
> **Maurer**
> bestanden und damit die Berechtigung zur Führung des Meistertitels,
> zur Ausbildung von Lehrlingen und zur Errichtung eines selbständigen
> Handwerksbetriebes erworben.
> Lübeck, am 25. April 1968
>
> DER MEISTERPRÜFUNGSAUSSCHUSS
>
> BEISITZER   VORSITZENDER   BEISITZER

gearbeitet. Es versteht sich, daß er auch die jeweiligen Bauanträge unterschrieben hatte. Das sollte auf einmal nicht mehr möglich sein. Er erzählt das so: «Zur Meisterprüfung bin ich durch das neue Ingenieurgesetz gekommen. 1965 sollte der Titel 'Ingenieur' geschützt werden, und damit war verbunden, daß in Zukunft nur derjenige, der Ingenieur war oder sich so nennen durfte, auch Bauanträge stellen konnte. Ich war, als das Gesetz gültig wurde, schon sechs Jahre selbständig und habe dann beim Landrat einen Antrag gestellt, auch zur Unterzeichnung von Bauanträgen berechtigt zu sein.

Der Landrat ließ mich umgehend wissen, ich sei erstens noch zu jung und ohne ausreichende Erfahrung und hätte zweitens weder eine Meisterprüfung gemacht, noch mich bisher dazu angemeldet. Daraufhin habe ich mich zur Meisterprüfung angemeldet und erhielt als nächstes von der Handwerkskammer ein Schreiben, dann und dann ist Vorbereitung; wer sich abmeldet gilt als durchgefallen. Da habe ich mir gesagt, wenn ich ohnehin als durchgefallen gelte, dann gehe ich hin, mache die Prüfung und sehe, was da verlangt wird. Falle ich durch, melde ich mich erneut an. Eine Bauschule zu besuchen, war für mich unmöglich, ich war ja in meinem Betrieb für alles zuständig.

So bin ich einfach das Risiko eingegangen und habe mich am Prüfungstag direkt der Prüfungskommission gestellt. Natürlich hatte ich Lampenfieber, wir waren sieben Mann, sechs hatten die vorbereitende Meisterschule absolviert. Ich habe dann die Prüfung ohne jede Vorbereitung bestanden. Die anderen sechs haben auch bestanden, allerdings gibt es inzwischen keinen von denen mehr als Unternehmer.»

# FRAU BOLDE DREHT DAS GLÜCKSRAD

Richard Anders erinnert sich: «Ich war gerade drei bis vier Jahre selbständig, da erteilte Frau Bolde (der Name ist geändert) einen Auftrag zum Umbau ihres Hauses. Der Auftragswert belief sich auf etwa 50.000 DM. Nachdem der Umbau halb fertig war, erklärte ich Frau Bolde, daß ich nun zumindest einen Teil meines Geldes brauche, weil ich ja schließlich meine Leute bezahlen muß. Es passierte etwas, womit ich überhaupt nicht gerechnet hatte, Frau Bolde brach in Tränen aus und berichtete schluchzend, daß die Baugenossenschaft gerade am Vorabend beschlossen hatte, den Ankauf ihres Grundstückes zwei Jahre zurückzustellen. Vom Erlös aus diesem Verkauf hatte sie den Umbau bezahlen wollen.»

Jeden anderen jungen Unternehmer hätte diese Botschaft aus der Fassung gebracht. Nicht so Richard Anders, der witterte Morgenluft, fragte, ob sie auch mit einem anderen Käufer einverstanden sei, - sie war es. Richard Anders eilte zur nächsten Telefonzelle, telefonierte mit seinem Banker, Herrn Stolley, dem Vorstandsvorsitzenden der Kreissparkasse, 'kop dat', war seine kurz entschlossene Einschätzung. «Bei meinen nun aufkommenden Bedenken über eventuelle Liquiditätsprobleme im bevorstehenden Winter legte er noch nach, — 'dat spielt keine Rolle, dat regel ik für di' — . Noch am selben Nachmittag wurde der Kaufvertrag formuliert und unterschrieben.

Etwa zwei Jahre später rief mich ein bedeutender Bauträger aus Kiel an. Ihm gehörte das Nachbargrundstück. Schlau regte er an, die beiden Grundstücke gemeinsam als Bauland zu erschließen. Leider — oder

Gott sei Dank — hatte ich für sowas zu dieser Zeit kein Geld. Der Grundstücksnachbar aber war hartnäckig, bedrängte mich weiter und wollte unbedingt mein Grundstück kaufen und ein Angebot von mir haben. Ich hatte für das Bolde'sche Grundstück 43.000 DM bezahlt, was damals für mich sehr viel Geld war, und ich wollte das Grundstück auch gar nicht verkaufen. Nachdem er aber keine Ruhe ließ, nannte ich ihm einen 'Mondpreis' um ihn endlich loszuwerden.
Ich war ziemlich fassungslos, als er einschlug. Der Kaufvertrag wurde geschlossen, und innerhalb von 14 Tagen hatte ich mein Geld. Ich kann es mir bis heute nur mit der geradezu grenzenlosen Aufbruchstimmung von damals erklären, daß dieses Grundstück zu einem so stolzen Preis den Besitzer gewechselt hat.»

Richard Anders hatte schwere Jahre hinter sich. Es waren nicht endende Arbeitstage, fortlaufende Geldsorgen, schlaflose Nächte. Kein Wunder, daß er von einer heftigen Angina pectoris gequält wurde. Da ein Unternehmer sich nicht krank melden kann, versuchte er, den Streß durch immer mehr Valium einzugrenzen. Das half aber nur eine Zeit lang. Oft fühlte er sich hundeelend, manchmal dem Ende nahe.

«Kop dat, ik regel dat für di»

«Dann machte ich dieses Geschäft, und wie das Geld da war, an dem Tag, wirklich es war so, seitdem brauchte ich kein Valium mehr. Ich war gesund.»
An dieser Stelle darf spekuliert werden — gibt es Zufälle?

Die Aufbaujahre

# EIN ZWISCHENSPIEL AUF SEE

Richard Anders auch ein Seelöwe? Im Hafen von Laboe lagen Schiffe, die mit ihrer lustigen Crew an Bord in die Ostsee stachen. Ein unterhaltsames, abenteuerliches Angebot - Dorschangeln, Tontaubenschießen, deftige Speisen und scharfe Getränke sorgten für großen Andrang. Es war die Zeit der «Butterfahrten». Die Shipper deckten sich, nach üppigem Konsum, auch noch reichlich mit zollfreiem Material ein.

*Hier wurde was geboten, da ging die Post ab. Jeder Urlauber konnte sein eigener Seelöwe sein. So recht was für unsere Abenteuer- und Spaßgesellschaft.*

Die Sache lief blendend, es war allerdings auch ein sehr zeitaufwendiges Unternehmen. Für Richard Anders auf Dauer zu zeitaufwendig. Er mußte zu viel präsent sein, mit Fernsteuerung war der Erfolg nicht dauerhaft zu installieren. Als er für dieses Unternehmen weniger Zeit erübrigen konnte, lief es weniger gut, da ist er ausgestiegen. Der Partner und Freund, es war der Malermeister Karl-Heinz Hafemann, hat die Sache dann noch einige Jahre erfolgreich weiter betrieben.

Richard Anders fühlte sich wohler mit festem Boden unter den Füßen. Rückblickend war es für ihn ein Zwischenspiel, doch wie immer, ein kalkulierbares Risiko mit Augenmaß.

**GERMANIA REEDEREI** GmbH & Co KG

Hochsee-Angelsport vom Ostseebad Laboe aus
2301 Post Bendfeld über Kiel
Anmeldung: Tel. 0 43 44/669 · Charterfahrten nach Vereinbarung

## WOHNUNGSBAU UND PRESTIGE-OBJEKTE

In einer viel beachteten Rede beim Rotary Club Plön, vom 18.11.2002, beschreibt Richard Anders die Entwicklung der Baubranche seit 1960. Von den 140 bis 145 Bauunternehmen zwischen Kiel und Lübeck mit mehr als 100 Mitarbeitern gibt es heute nur noch einzelne. Auch die Firma Anders hat diesen Betriebszweig erheblich zurückgefahren. Im Bauunternehmen werden noch etwa 20 Mitarbeiter beschäftigt, es gibt keinen Betriebsrat mehr und das Unternehmen sucht sich sein geschäftliches Betätigungsfeld in Nischen, in denen Qualität gefragt ist, wie in der Sanierung, Renovierung oder im Bereich von Denkmalschutzobjekten.

*Die Keimzelle des Unternehmens soll auch weiterhin erhalten bleiben.*

*Preetzer Appartementhotel und Caféstuben. Fachwerk-Giebelhaus aus dem 17. Jahrhundert. In der zweiten Hälfte des 18. Jahrhunderts weitgehend überarbeitet. Ein Alt Preetzer Bürgerhaus von großem architektonischem und städtebaulichem Wert, restauriert von Richard Anders*

Die Richard Anders Bauunternehmen GmbH Hohenfelde soll erhalten bleiben, weil sie die Keimzelle aller unternehmerischen Aktivitäten war, sie bleibt aber dem Nachfragevolumen angepaßt. Derzeit ist die Baubranche nicht nur von der Kostenseite, sondern auch von der Nachfrage her in einer geradezu katastrophalen Lage.

Im Rückblick wurde vom Bauunternehmen Beachtliches geleistet. Das war die Grundlage des Unternehmenserfolges.

Das erste bedeutende Projekt war der erwähnte Neubau der Kapelle in Hohenfelde. Viele bedeutende Objekte folgten.

Schon 1964 kam der erste Großauftrag — 70 Wohnungen für die Preetzer Baugenossenschaft. Die Firma zählte damals bereits 62 Beschäftigte. Im gleichen Jahr wurde mit dem Bau von 40 Wohnungen in Lütjenburg begonnen und das Richtfest eines Rentnerheimes in Giekau gefeiert. Eine Herausforderung, der Richard Anders besonders gerne nachgekommen ist, war der Bauauftrag für das erste SOS-Kinderdorf in der Region. Der erste Bauabschnitt fiel in die Jahre 1966/67. Drei Jahre später folgte der zweite Bauabschnitt. Der Stifter Hermann Gmeiner kümmerte sich hier noch selbst um die sachgerechte Planung und korrekte Bauausführung.

*Kinderdorf: vom Spielplatz aus gesehen*

ALTE SCHMIEDE
1720 erbaut
1955 letzter Hufbeschlag
1988 von RICHARD ANDERS erworben, restauriert und der Stadt Lütjenburg für kulturelle Veranstaltungen, insbesondere des Heimatbundes, zur Verfügung gestellt.

*Die Alte Schmiede in Lütjenburg hat Richard Anders mit Liebe und Sachverstand restauriert und dann der Stadt für kulturelle Veranstaltungen zur Verfügung gestellt, für die nächsten 35 Jahre.*

Erfolg und Stabilität durch Vielfalt

*Senioren-Wohnanlage in Lütjenburg. Die Senioren können, wie von daheim gewohnt, einen Schuppen benutzen.*

*Während andere von Alterspyramiden reden, hat Richard Anders längst Altenwohnungen gebaut, die er vermietet und verwaltet.*

Erfolg und Stabilität durch Vielfalt

*Der von der Firma Anders restaurierte Alte Posthof gehört auch zur Senioren-Wohnanlage*

ALTER POSTHOF

17. Jahrhundert
Zweigeschossiges Fachwerkhaus
mit Walmdach
Postamt mit Pferdekutschenstation
von 1777 – 1880 Postkutschenlinien nach Plön,
Kiel, Oldenburg und Heiligenhafen

1997 restauriert von Fa. Anders

## AUS DEM BAUGESCHÄFT ERWACHSENE BETRIEBE UND GESCHÄFTSZWEIGE

Im Zuge der allgemeinen Entwicklung hat sich auch das Baugewerbe verändert. Immer mehr Maschinen und differenzierte Werkzeuge wurden als Hilfsmittel auf den Baustellen eingesetzt. Das hatte sehr unterschiedliche Gründe. Einmal sollten die immer knapper und teurer werdenden Arbeitskräfte ersetzt werden, dann sollte den am Bau arbeitenden Menschen aber auch die Arbeit erleichtert werden. Schließlich wurden die Fertigstellungstermine immer knapper und differenzierter vorgegeben. Später hat dann der einsetzende Verdrängungswettbewerb die Strukturveränderungen noch beschleunigt.

**RICHARD ANDERS**
**Bauunternehmen GmbH u. Stahlbetonwerk**

Herstellung von schüsselfertigen Bauten
auf dem Wohnungs- und Industriesektor

Produktion von Wand-, Fassaden- und Deckenelementen
für den Wohnungsbau sowie Stahlbeton-Bindern
Säulen und Deckenplatten

**2301 Hohenfelde über Kiel**
Telefon (0 43 85) 511 + 512

Um den Erfordernissen besser gerecht werden zu können, begann man, möglichst viele im Betrieb bereits vorgefertigte Teile zu verarbeiten. So konnte rationeller und überwachter gearbeitet, es konnten stationäre Maschinen eingesetzt werden. Das war die Geburtsstunde des Stahlbetonteilwerkes der Firma Anders.

Neue Betriebe und Fertigungsstätten wuchsen in Deutschland wie Pilze aus dem Boden. Ein neuer Betriebszweig konnte dadurch bedient werden – der Hallenbau.

Die Entwicklung wurde auch dadurch begünstigt, daß es im Laufe der Aufbaujahre immer schwerer wurde, die Moral und Leistungsbereitschaft der «Männer vom Bau» zu wecken und zu erhalten. Auch dem Alkohol wurde nicht selten zugesprochen. Viele Mitarbeiter hatten keinerlei Bindung zum Betrieb. Sobald ein Konkurrent wenige Pfennige mehr bot, wurde die Arbeitsstelle gewechselt. Oft war es eine ganze Kolonne, die gleichzeitig das Unternehmen verließ. Eine mittlere Katastrophe für die Terminplanung und für die Preisgestaltung, die immer der Unternehmer zu schultern hatte.

Dann gab es eine Tendenz, der kein Unternehmer widerstehen konnte: möglichst alles aus einer Hand zu liefern. Also eine Erweiterung der Bandbreite oder der Angebotspalette. Die Versuchung bestand darin, auch möglichst alles selber zu machen, also auch die Unternehmenstiefe zu erweitern. Weniger betriebswirtschaftlich ausgedrückt – neben dem Baugeschäft noch eine Zimmerei, Tischlerei oder was sich sonst anbot, anzugliedern. Hier wurden neben den Möglichkeiten aber auch gewaltige Risiken eingefangen, die sich jetzt auf einen einzelnen Unternehmer konzentrierten.

Kluge Unternehmer haben ihre Angebotspalette beibehalten, vorsichtig erweitert, das eigene Risiko jedoch dadurch vermindert, daß für möglichst alle Gewerke Subunternehmer eingesetzt wurden. Der Bauunternehmer beschäftigt selber nur noch eine Kerntruppe, übernimmt die Bauaufsicht und das Management. Das ist auch heute noch so, trotzdem bleibt noch genug zu tun, denn eine Baustelle ist ein lebendiger Organismus. Alle Leistungen können nur in einer bestimmten Reihenfolge ausgeführt werden. Es geht also um Überwachung, Qualitätskontrolle und Koordination, aber auch darum, und das nicht zuletzt, geeignete, zuverlässige Subunternehmer zu finden und zu halten. Auch dafür braucht man viel Erfahrung und ein sicheres Gespür.

Die strukturelle Entwicklung macht verständlich, wieso ein Bauunternehmer, der früher 100 Mitarbeiter beschäftigen mußte, heute mit 20 qualifizierten Kräften die gleiche oder eine noch größere Bauleistung erbringen kann.

## ANDERS IMMOBILIEN KG

Viel Platz ist noch in der Holsteinischen Schweiz. Und einige besonders attraktive Plätze sind als Bauland ausgewiesen, Bauland in einem der schönsten Feriengebiete Deutschlands. Was liegt da näher, als Urlaubern den Mund wäßrig zu machen nach einem eigenen kleinen oder größeren Ferienhaus oder Einheimische anzuregen, sich mit der Vermietung eines Ferienhauses ein Zubrot zu verdienen.

Richard Anders hat die Chance schon vor Jahren erkannt und in Grundstücke investiert. Aber die muß man auch unter die Leute bringen, und so trifft der Autofahrer oder der Spaziergänger immer wieder auf unübersehbare Werbe-Tafeln für Baugrundstücke und Ferienhäuser.

Eine Verlockung für Interessenten, mal bei der Anders Immobilien KG anzurufen oder sich bei der Sparkasse Plön nach den Konditionen zu erkundigen. Die Abwechslung für den nächsten Sonntags-Ausflug ist auch schon geplant, man kann sich so ein Häuschen ja mal anschauen. Verlockend ist das schon, ein Ferienhaus an der Ostsee.
Und wer ein bißchen langfristiger plant und auf die Erschließung seines Grundstücks noch warten kann, der könnte auch mit einem Kontakt zu Anders Immobilien gut beraten sein.
Die Auswahl an Grundstücken ist ziemlich groß, und das passende Ferienhaus wird sich auch finden lassen.

# ANDERS baut seine Ferienhäuser ANDERS

*Fachwerkhaus Dannau*

*Haus Hohwacht*

*Holzhaus D 10*

*Holzhaus Buchholz*

Zwischen vier Modellen kann der Interessent derzeit auswählen. Alle Häuser sind auf einer 70 m²-Grundfläche konzipiert, bieten aber eine Wohnfläche zwischen 59 m² und 96 m², je nach Bedarf und Konto. Das seit über 40 Jahren entwickelte Knowhow von Anders wird dazu geliefert.

Ein schlüsselfertiges Ferienhaus an der Ostsee ist schließlich nicht irgendein Haus, es muß gewissen Anforderungen genügen, und die bestimmen hier vor allem Landschaft und Klima. Aber darüber muß man bei Richard Anders Bauunternehmen gar nicht erst reden.

Dazu kommt, daß ein Ferienhaus nicht immer bewohnt wird, besonders nicht im Winter. Das Haus muß also notfalls auch von weit weg — etwa von München aus — heizbar sein. Mit Strom geht das heute ganz einfach übers Telefon, von unterwegs auch übers Handy.

Einbrecher kann man auf diese Weise leider weniger wirkungsvoll beeinflussen, deshalb gibt es bei diesen Häusern besondere Einbruchssicherungen.

Und schließlich: Richard Anders hat sich in den zurückliegenden Jahren, wenn er außerhalb seines eigenen Hauses sein mußte, immer wieder gemerkt, was ihn gestört oder geärgert hat. Das hat er nicht nur im Hotel Hohe Wacht, sondern auch in den Ferienhaus-Modellen zu vermeiden versucht.

# DER WEG ZUM STERN
# ANDERS KRAFTFAHRZEUGE GMBH

Weil Richard Anders nicht wollte, daß seine beiden Söhne, Hauke und Carsten, einmal gemeinsam in einem Unternehmen tätig sein würden, engagierte er sich in der Kfz-Branche. Die Entscheidung des ältesten Sohnes Hauke für eine berufliche Zukunft in dieser Branche kam dem entgegen, und Richard Anders ging den Weg zu dieser Herausforderung mit. Es war sicherlich auch der Reiz des Neuen, der ihn zu der ungewöhnlichen Entscheidung motivierte.

**Die Vertragswerkstatt der Mercedes Benz AG** in Lütjenburg wurde zur Keimzelle der unternehmerischen Aktivitäten im Kfz-Gewerbe.

Wie es dazu kam, erzählt Richard Anders so: «In Lütjenburg gab es eine kleine Mercedes-Vertragswerkstatt, die war in mehreren Schuppen untergebracht. Ich war da auch Kunde und brachte meinen Mercedes Diesel zur Inspektion. Da erzählte mir der damalige Pächter, daß vor ein paar Tagen eine Abordnung aus Stuttgart bei ihm war. Die machten ihm zur Auflage, einen neuen Betrieb zu bauen, eine Investition von mehr als 500.000 DM. Das könne und wolle er aber beim besten Willen nicht mehr aufbringen, zumal er keine Nachkommen habe und bereits in zehn Jahren in Rente gehe.»

Eine Geschichte für Richard Anders. Einerseits tat ihm der Pächter leid, andrerseits sah er eine ganz neue Chance. Schließlich hatte Sohn Hauke gerade eine Kfz-Mechaniker-Lehre angefangen.

Die beiden wurden schnell handelseinig; Richard Anders kaufte bei der Stadt ein geeignetes Grundstück, baute einen neuen Betrieb und vermietete ihn für die Zeit bis zu dessen Rente an den Pächter. Das war die Geburtsstunde der **Anders Kraftfahrzeuge GmbH** – und so stand es dann in der Zeitung:

Erfolg und Stabilität durch Vielfalt

---

Ab 1. Januar 1982 übernehmen wir die
**Vertragswerkstatt der Daimler-Benz AG**

Unserem bisherigen Inhaber, **Herrn Ewald Möller,** möchten wir für die bisherige positive Betriebsführung unseren herzlichsten Dank aussprechen. Wir werden uns bemühen, den Betrieb in gleicher Art fortzuführen, wobei es unsere vornehmste Pflicht ist, das handwerkliche Können und die aufrichtige Geschäftsführung fortzusetzen. Wir hoffen, daß Herr Möller uns noch viele Jahre mit Rat und Tat zur Seite steht und würden uns freuen, wenn Sie das bisher Herrn Möller entgegengebrachte Vertrauen auf uns übertragen würden.

Unser Betriebsleiter und Meister Herr Lauruschkat und der langjährige Mitarbeiterstamm der Firma Möller werden sich bemühen, den von der Daimler-Benz AG und der Firma Möller gewohnten Service zu gewährleisten.

Unseren Kunden und ihren Familien ein angenehmes Weihnachtsfest und einen guten Rutsch ins neue Jahr

## ANDERS Kraftfahrzeuge GmbH
**Vertragswerkstatt der Daimler-Benz AG**

---

Es dauerte genau zehn Jahre, da wurde ein Ausstellungsraum angebaut. Zur Einweihung überbrachte ein leitender Mitarbeiter aus Stuttgart den obligatorischen Blumenstrauß. Beim folgenden small-talk erfuhr Richard Anders eine für seine Firma folgenschwere Geschichte. Es ging um die fristlose Kündigung einer Mercedes-Benz-Vertretung. Den Bannstrahl traf eine Vertretung mit Niederlassungen in Vechta und in Diepholz.

Bei Richard Anders, der nicht leicht aus der Fassung zu bringen ist, läuteten die Sturmglocken. Da wäre gleichzeitig ein Fisch im Netz und einer an der Angel. 15 Millionen Mark sollten investiert werden, bei 50 % nachgewiesenem Eigenkapital ein nicht leicht zu verdauender Brocken. In Stuttgart wurde das Interesse des Bauunternehmers zunächst nicht so ganz ernst genommen. Aber Richard Anders blieb hartnäckig. Es kam kurzfristig zu erfolgversprechenden Verhandlungen. Hier begann der steinige Weg nach Vechta, es waren noch dicke Brocken wegzuräumen, aber Richard Anders war wieder in seinem Element, er verstand sich auf Steine und dicke Brocken.

# IM GLANZ DER STERNE

«Bauunternehmer R. Anders greift zum guten Stern», so steht es am 12. November 1983 im Ostholsteinischen Tageblatt, es heißt dort weiter: «Den ersten Griff zum guten Stern auf allen Sraßen machte Anders bereits zehn Jahre vorher, als er in Lütjenburg eine Daimler-Benz-Vertragswerkstatt übernahm. Dort sind etwa 20 Mitarbeiter beschäftigt. Der große «Mercedesschritt» erfolgte dann durch die Übernahme der Vertretung in Vechta. Dabei galt es, den veralteten und im Stadtbereich eingeengten Betrieb gründlich zu modernisieren. Richard Anders entschloß sich zu einer gründlichen Lösung und begann in enger Zusammenarbeit mit der Daimler-Benz AG, die zwei Neubauten — auf anderen Grundstücken — in Vechta und Diepholz zu planen. Der Bau in Vechta begann im Januar dieses Jahres, im Juli konnte bereits Richtfest gefeiert werden.»

Bei der Begrüßung dankte Richard Anders besonders dem Plöner Kreissparkassen-Direktor Dieter Gasser und dem Plöner Rechtsanwalt Dr. Helmut Raudszus. In seiner Ansprache bezeichnete der Unternehmer die Betriebskonzeption als modern und in die Zukunft gerichtet. Die erforderliche Größenordnung sei dabei genau an den Marktbedingungen ausgerichtet worden. Besonderen Wert, so Anders, habe man auf eine überdurchschnittliche Zahl von Ausbildungsplätzen gelegt. Daher würden in dem Betrieb 29 Lehrstellen im gewerblichen und kaufmännischen Bereich zur Verfügung stehen. Rund 110.000 Mark seien dabei pro Arbeits- und Ausbildungsplatz investiert worden.

Ein hohes Lob war auch den Vechtaer Ingenieurbüros Wieferig und Frilling zugedacht, für hervorragende Gestaltungsarbeit und geradezu hingebungsvolle Baubegleitung.

«Die Sonne scheint über Vechta!», so schreibt die Oldenburgische Volkszeitung. Später heißt es in der gleichen Zeitung: »'Wir sind überwältigt', so gestand Anders-Geschäftsführer Albert Müllender am letzten Samstag beim Anblick der vielen Kunden und Geschäftsfreunde beim Empfang im neuen Daimler-Benz-Autohaus im Norden Vechtas.»

Das Mitteilungsblatt 'Kfz-Betriebe' bringt ein Foto und punktet mit der Balkenüberschrift: «AUF DEN STERN GEBAUT». Hier werden fachkundig und sehr kritisch alle baulichen Einzelheiten unter die Lupe genommen. Man kann dann aber nicht umhin, festzustellen, es sei eine 'Werkstatt mit Pfiff.'
Drei Monate später konnte bereits der Zweigbetrieb in Diepholz eröffnet werden. Horst von Mocki, Direktor der Mercedes-Benz AG, stellte bei seiner Ansprache fest: «Wie in Vechta scheint auch hier die Sonne, wenn die Firma Anders etwas Neues einweiht». Laut Diepholzer Kreisblatt sollen sich zum Wochenende Tausende von Besuchern durch den neuen Verkaufs- und Reparaturbetrieb des Autohauses Anders gedrängt haben, der anläßlich der Neueröffnung zu zwei 'Tagen der offenen Tür' eingeladen hatte.

Erfolg und Stabilität durch Vielfalt

*Vechta*

Zu der Übernahme in Vechta und Diepholz erzählt Richard Anders folgende Hintergrundgeschichte:
«Nachdem das notwendige Eigenkapital für die Übernahme der Betriebe in Vechta und Diepholz nachgewiesen war, wurden meine Frau und ich eine Woche später zum Gespräch in die Zentrale nach Stuttgart gebeten. Ein gewisser Helmut Schmidt, direkt unter dem Vorstand angesiedelt, sollte unser Gesprächspartner sein. Wir gingen davon aus, daß wir mit dem unterschriebenen Vertrag am nächsten Tag zurückfahren würden. Es kam anders. Es fing schon damit an, daß wir eine halbe Stunde warten mußten. Als wir Herrn Schmidt dann gegenüber saßen, erklärte er seelenruhig: 'Herr Anders, Sie sind Bauunternehmer, was wollen Sie mit dem Laden, mit so einer großen Mercedes-Vertretung? Sie sollten bei Ihrem Leisten bleiben!' Ich habe ihm dann die Gründe gesagt, daß meinem Sohn Lütjenburg einfach zu klein ist.

Es hat sich dann herausgestellt, daß der Vorstandsvorsitzende Dr. Prinz selber am Morgen angerufen hatte, um die Vertrags-Unterzeichnung aufzuschieben. Später habe ich dann erst gehört, daß da plötzlich noch von einer anderen sehr potenten Seite Interessen formuliert worden waren. Aber nun war da das Eigenkapital zu prüfen, denn über diesen Vorstandsbeschluß konnte sich auch ein Dr. Prinz nicht hinwegsetzen. Kurz und gut, am nächsten Tag war ich in Vechta, begleitet vom damaligen Chef der Sparkasse, Dieter Gasser, und meinem Steuerberater und Notar Dr. Helmut Raudszus, und dann haben wir von morgens acht Uhr bis nachts ein Uhr verhandelt. Am nächsten Tag habe ich noch einmal bis zum Nachmittag mit dem Vorgänger verhandelt, der die fristlose Kündigung erhalten hatte. Endlich wurden alle Verträge unterschrieben, es kamen umgehend etwa 30 Leute von der Niederlassung Bremen, um Inventur zu machen, Schlösser auszubauen und den Betrieb zu sichern, aus Stuttgart kamen zwei, um die EDV-Anlage zu sichern, alles an einem Freitag.

*Diepholz*

Am Montagmorgen bin ich dann hingefahren, habe die Leute begrüßt und gesagt, 'von nun ab unter neuer Führung, so und so ist unsere Strategie und so soll das hier laufen, ich habe das für meinen Sohn gekauft und bis der so weit ist, arbeiten wir hier mit einem Geschäftsführer.' So sind wir an Mercedes gekommen.«

Das Autohaus Anders GmbH in Vechta und Diepholz, mit zwischenzeitig vier weiteren Niederlassungen, zählt heute unter der Leitung von Hauke Anders bundesweit zu den führenden Vertretungen. Besonders stark ist das Unternehmen im LKW-Vertrieb. Es werden Jahresumsätze von 150 Millionen Euro erzielt. Es werden dort 256 Mitarbeiter beschäftigt, davon 58 Lehrlinge. Wie in allen Anders-Betrieben wird auch hier besonderer Wert auf die Ausbildung gelegt, wissend, daß die momentanen Kosten für einen Ausbildungsplatz den Nutzen weit übersteigen. Bei Anders blickt man auch hier weit über den Tellerrand hinaus.

## WEITERE STERNTALER

Die Positionierung von Autohaus Anders GmbH zwischen Bremen und Osnabrück war mit dem Kauf von Vechta und Diepholz aber nicht abgeschlossen. Dazu erworben wurde die Vertretung in Syke und die Vertragswerkstatt in Damme, in diesem Jahr noch die Werkstatt in Vilsa.

*Syke*

Schließlich kam im Rahmen der Umstrukturierung des Vertriebsnetzes der Daimler-Chrysler-AG die Vereinbarung einer Partnerschaft mit der Autohaus Nienburg GmbH mit ihrer Filiale in Hoya dazu, an der das Autohaus Anders bisher die Mehrheit gehalten hat. Im Laufe dieses Jahres werden beide Häuser ganz an das Autohaus Anders übergehen. Insgesamt hat sich die Automobilsparte der Anders-Unternehmensgruppe wie folgt entwickelt:

## Autohaus Anders GmbH
## Mercedes - Benz Vertreter der DaimlerChrysler AG

Vertreter EVO Bus, Mercedes - Benz Omnibusse
Mercedes - Benz Unimog

| | |
|---|---|
| 26.06.1982 | Gründung Autohaus Anders, Mercedes-Benz Vertreter der DaimlerChrysler AG Übernahme vorhandener Räumlichkeiten in Vechta und Diepholz. |
| 04./05.11.1983 | Eröffnung Neubau des Betriebes Vechta Inbetriebnahme TÜV für alle Kfz und Anhänger auf dem Grundstück des Autohaus Anders |
| 18.02.1984 | Eröffnung Neubau des Betriebes Diepholz |
| 1994 | Übernahme der Firma Wessel, Mercedes-Benz Vertreter der DaimlerChrysler AG in Syke |
| 01.01.2000 | Fusion mit dem Nienburger Autohaus, Mercedes-Benz Vertreter der DaimlerChrysler AG. Betriebsstätten in Nienburg, Hoya und Bruchhausen Vilsen kamen dazu. |
| 01.07.2002 | Übernahme der ehemaligen Mercedes-Benz Vertragswerkstatt Fenner in Damme |
| April 1999 | Gründung des verbundenen Unternehmens Anders Automobile mit der Vertretung für die Marken Chrysler und Jeep |
| 17.01.2003 | Eröffnung Neubau des Betriebes Anders Automobile, Vertretung für die Marken Chrysler, Jeep und Mitsubishi |
| 01.04.2003 | Übernahme Vertretung für Skoda |

Erfolg und Stabilität durch Vielfalt

**Aktuelle Mitarbeiterzahlen Autohaus Anders per 03/2003**

| | |
|---|---|
| Vechta: | 105 Mitarbeiter, davon 23 Auszubildende |
| Diepholz: | 21 Mitarbeiter, davon 5 Auszubildende |
| Syke: | 36 Mitarbeiter, davon 7 Auszubildende |
| Nienburg: | 52 Mitarbeiter, davon 13 Auszubildende |
| Hoya: | 15 Mitarbeiter, davon 3 Auszubildende |
| Vilsa: | 2 Mitarbeiter |
| Damme: | 13 Mitarbeiter, davon 5 Auszubildende |
| **Mitarbeiter gesamt:** | **244 Mitarbeiter, davon 56 Auszubildende** |
| Aktuelle Mitarbeiterzahlen Anders Automobile per 03/2003 | 12 Mitarbeiter, davon 2 Auszubildende |
| **Mitarbeiter Gesamtunternehmen** | **256 Mitarbeiter, davon 58 Auszubildende** |

*Damme*

*Hoya*

*Nienburg*

Erfolg und Stabilität durch Vielfalt

Wenn Sie die Internet-Seite **www.mercedes-anders.de** anklicken dann ist dort mit großen Lettern zu lesen:

## Willkommen im Autohaus Anders

Wir begrüßen Sie in unserer Internetfiliale.

Wir haben 24 Stunden am Tag für Sie geöffnet. Schauen Sie sich in unserem Service-Bereich um und nehmen Sie direkt Kontakt zu unseren Mitarbeitern auf.

Und natürlich können Sie in unseren Onlineshops rund um die Uhr einkaufen.

Typisch Anders - Anders als die Anderen.

# RICHARD ANDERS LÄßT BITTEN UND ALLE KOMMEN

Auf der Einladung steht ein Wort von Winston Churchill:

*Es gibt Leute, die halten den Unternehmer für einen räudigen Wolf, den man totschlagen müsse, andere meinen, der Unternehmer sei eine Kuh, die man ununterbrochen melken könne. Nur wenige sehen in ihm, was er wirklich ist, nämlich ein Pferd, das den Karren der Marktwirtschaft zieht.*

25. Januar 1985, das Streichquartett Ostholstein intoniert das Menuett aus dem Kaiserquartett von Joseph Haydn. Richard Anders tritt ans Rednerpult und begrüßt seine Gäste, neben Bürgermeistern, Landräten und Verbandsvorsitzenden vor allem die Ministerin Ursula Gräfin von Brockdorff, als Vetreterin der Landesregierung. Der Chef-Volkswirt der Deutschen Bank, damals noch Professor in Kiel, Dr. Norbert Walter, hält den Festvortrag. Aber er hält nicht Rückschau auf die letzten 25 Jahre, sondern er tut das, was auch Richard Anders bisher immer getan hat, er wagt eine Vorausschau. Wie recht er hatte, das zeigt die weitere Entwicklung der Firma, deren Jubiläum gerade gefeiert wird. Zielsicher und stets vorausblickend hat Richard Anders schon immer seinen Karren in die Zukunft gezogen. Er war und ist immer ganz Unternehmer, und der kann es sich nicht leisten, wie die Auguren vergangener Epochen seine Entscheidungen nach dem Vogelflug oder nach dem Orakel auszurichten. Auch nicht nach den Politikern, deren Verhalten zu oft davon bestimmt ist, wieder gewählt zu werden. Der Unternehmer ist immer auch der *Selber*, der den Karren zieht und das Transportrisiko zu tragen hat.

# FEIERN MIT BLICK NACH VORNE

«Wer aufhört, besser zu werden, der hat aufgehört, gut zu sein» — so schließt Richard Anders seine Begrüßungsrede und signalisiert eindeutig, daß dieses Fest als ein Meilenstein mit dankbarer Rückschau, aber auch gleichzeitig als Auftrag mit klarem Blick nach vorne zu begreifen ist:

«Lange habe ich darüber nachgedacht, ob es in der heutigen Zeit, die unserer Bauwirtschaft große Probleme bringt, überhaupt angebracht ist, das 25jährige Jubiläum eines Bauunternehmens zu feiern. Ich bin dennoch zu dem Schluß gekommen, den heutigen Tag festlich zu begehen, denn er ist für mich und für mein Unternehmen Anlaß zu großer Dankbarkeit, einigem Stolz auf das Erreichte und Mahnung, den Blick auf die nächsten 25 Jahre zu richten, auf das nächste Vierteljahrhundert, das zumindest am Anfang in der Baubranche durch allgemein schlechtes Wetter führen wird. Aber lassen Sie mich zunächst zurückschauen.

25 Jahre Unternehmer, 25 Jahre Unternehmen waren nicht nur Freude und Erfolg. Sie waren harte Arbeit.»

Er sagt, daß er in dieser Zeit zum Frühaufsteher geworden und das auch geblieben ist. Jeden Tag hat er sich den Anforderungen der Tagesarbeit gestellt und über die Zukunft der Unternehmen nachgedacht. Rückblickend waren die ersten fünf Jahre Aufbaujahre und Jahre der Festigung des Unternehmens. Die schwierigste Phase sei aber nicht der Aufbau und die Vergrößerung des Unternehmens, sondern die Ausbauzeit gewesen, die Zeit der Unternehmenssicherung. Denn ob ein Unternehmen lebensfähig ist, zeigt sich erst dann, wenn das Auftragsvolumen, und damit das Unternehmen, nicht mehr expandiert. In dieser Phase erweist es sich, ob ein Unternehmen richtig geführt wurde und wird. Dann muß die Vorsorge, die der jederzeitigen Zahlungsbereitschaft gelten muß, richtig getroffen sein. Dann müssen Lösungen für eine weitere Beschäftigung zumindest eines wesentlichen Teils der Mitarbeiter vorbereitet sein. Lösungen, die der Unternehmer selbst suchen und gestalten muß. Dabei ist wesentlich, daß er rechtzeitig begonnen hat nachzudenken. Zumindest ist das eine Erfahrung von Richard Anders.

«25 Jahre sind, wenn ich heute zurückblicke, keine große Zeitspanne, aber wenn ich die einzelnen Episoden Revue passieren lasse, so kann ich nur sagen, daß ganz bestimmt einer die Hand über uns gehalten hat, denn sonst hätten wir die Klippen, die sich vor uns aufbauten, nicht so hervorragend umfahren können. Denn auch die zurückliegenden 25 Jahre waren aufgrund der sich häufig ändernden Wirtschaftslage eine hektische und ökonomisch schwierige Zeit voller Gefahren. Meine Eingangsbemerkung galt der Frage, ob wir bei der stagnierenden Baukonjunktur unser Jubiläum überhaupt feiern sollten. Ich habe diese Frage bejaht und das Ja auch begründet. Aber eine Feststellung möchte ich in diesem Zusammenhang noch treffen.»

**Meine Frau hat in den Jahren des Aufbaus immer in der ersten Reihe geholfen**

Und dann begründet Richard Anders, wie er vom Bauunternehmer zum Unternehmer schlechthin geworden ist:

«Die gewesenen und vorhandenen Schwierigkeiten der Baubranche haben mich rechtzeitig dazu gebracht, nicht nur Bauunternehmer zu sein, sondern Unternehmer überhaupt. Es gilt auch Innovation zu betreiben und Innovation nicht nur verstanden als Entwicklung neuer Techniken und Fertigungen, sondern auch in erster Linie als immer wieder neue Lösungen in der unternehmerischen Konzeption. Kein Wirtschaftszweig in unserer sozialen Marktwirtschaft ist der Administration und damit der Planwirtschaft so unterworfen wie bei uns der Baubereich. Dieser Situation darf sich der Unternehmer nicht voll ausliefern, er muß versuchen, sich auch auf anderen Feldern mit größeren marktwirtschaftlichen Chancen zu betätigen. Ich habe das getan durch Hinwendung zu dem Gesamtspektrum rund um den Bau, von der Baulandbeschaffung, Erschließung, Finanzierung, wofür ich eigens 1972 die Firma Grundstücksverwertungsgesellschaft gründete, bis zur Betätigung auf einem völlig neuen Feld in den letzten Jahren. Wie die meisten von Ihnen wissen, haben wir seit einigen Jahren auch ein Standbein in der Automobilbranche und folgen dem «Guten Stern auf allen Straßen». Dieser hat mich zunächst nach Lütjenburg, dann aber größer und heller werdend nach Vechta geführt und ein Nebenstern leuchtet auch noch in Diepholz. Hier sind in neu erbauten Betriebsstätten inzwischen über 120 Mitarbeiter beschäftigt. Es erfüllt mich mit einem nicht geringen Stolz, daß ich nach 25 Jahren unternehmerischer Arbeit in dieser Zeit doch immerhin über 200 Mitarbeitern Lohn und Brot geben kann und zur Zeit in meinen Unternehmungen mehr als 50 Auszubildende auf ihren künftigen Berufsweg vorbereitet werden. Ich habe seit Beginn meiner Selbständigkeit nicht nur darauf gewartet, als Bauunternehmer an Ausschreibungen teilzunehmen, um hieraus als billigster Bieter Aufträge hereinzuholen. Ich sage bewußt billigster, ich hätte auch sagen können günstigster, dieses ist jedoch nicht so, denn bei dem System der öffentlichen Ausschreibungen werden die Aufträge nicht nach dem qualitativen und leistungsgerechten Prinzip vergeben. Um mit diesen schwierigen Gegebenheiten fertig zu werden, haben wir als Unternehmer meines Erachtens nur eine Chance, indem wir im wahrsten Sinne des Wortes als Unternehmer etwas unternehmen und nicht darauf warten, daß uns die öffentliche Hand oder andere Auftraggeber unsere Aufgaben zuteilen. Ganz davon abgesehen ist es ja auch unsere Pflicht, etwas zu unternehmen. Bei der Einweihungs- und Eröffnungsfeier unserer Daimler-Benz-Vertretung in Vechta sagte der Abteilungsdirektor der Daimler-Benz AG, Herr von Mocki: 'Als Unternehmer sind Sie verpflichtet, etwas zu unternehmen, denn sonst

> «Als Unternehmer sind Sie verpflichtet, etwas zu unternehmen, sonst müssen Sie sich Unterlasser nennen.»

müßten Sie sich Unterlasser nennen'. Aber zurück zum Bauunternehmen, das ja heute Jubiläum feiert, und gleichzeitig ein Blick in die Zukunft. Wenn der Stern in unserer Baubranche auch etwas an Helligkeit verliert, bedingt durch eine gewisse Marktsättigung, so sollten wir nicht den Mut verlieren.

Ein Mitarbeiter von mir meinte in einem persönlichen Gespräch: «Di fallt schon noch wer wat in» und das, hoffe ich, wird es auch, wenn man uns den unternehmerischen Freiraum läßt, und hier ist der Staat gefordert, neue Eckdaten der Marktwirtschaft zu setzen.»

Der Jubilar umreißt im Rückblick, was konkret damit gemeint ist, und verweist auf stolze Aktivposten der Grundstücksverwertungsgesellschaft, die in Lütjenburg in der Oberstraße zwei Altbauten gekauft hat, die renoviert und umgebaut werden, zehn Wohnungen werden geschaffen. Darüberhinaus wurde am Gildenplatz von der Firma D.H.Boll das Grundstück Getränke-Abholmarkt erworben. Hier werden, sobald die Pächter feststehen, ein Laden und auch zwei Verzehrkinos errichtet. In Plön an der Fußgängerzone soll ein Geschäftshaus gebaut werden und auf dem erworbenen Bauland in Kiel und Preetz werden im Rahmen eines Förderprogramms Eigenheime entstehen.

«In Anbetracht der immer härter werdenden wirtschaftspolitischen Zeiten müssen wir unsere Unternehmen noch mehr als bisher straffen und noch überschaubarer machen. Wir haben jedoch keinen Anlaß zum Pessimismus, sind wir doch technisch wie personell in der Lage, jedem Auftrag gerecht zu werden, ob es gilt, einen Schornsteinkopf auszubessern bis hin zum größeren Bauobjekt, wie industrielle Fabrikationsanlagen, Schulen etc. Zur Zeit versuchen wir, uns dem Markt anzupassen, indem wir uns wegen fehlender Großaufträge mit Sanierungs- und Modernisierungsarbeiten einschließlich der finanziellen Abwicklung befassen. Wir müssen jedoch gleichzeitig unser Unternehmen straffen und noch überschaubarer machen. Deshalb der von mir geprägte Spruch – Unser Unternehmen ist nur dann lebensfähig, wenn der Erste den Letzten kennt.

**Unser Unternehmen ist nur dann lebensfähig, wenn der Erste den Letzten kennt**

Das Bauunternehmen ist deshalb über eine vorher von mir genau festgelegte Größe niemals hinweg geführt worden, auch wenn früher dafür häufiger Möglichkeiten bestanden. Expansion bedeutet Gefahr, denn der Pfad, auf dem wir uns als Unternehmer bewegen, ist sehr schmal. Auf der einen Seite ist das leistungsbewußte Denken mit einem gewissen Expansionsdruck, auf der anderen Seite besteht die Gefahr, daß durch den Expansionsdruck die Eigenkapitaldecke zwangsweise nicht mit wächst und wir dadurch als Unternehmer uns selbst aus dem Unternehmen heraus manövrieren. Wenn man ein Unternehmen aufbaut, soll es eine langfristige Existenz sein, es soll Bestand haben, Bestand auch in Zeiten schwierigerer Umfeldbedingungen, denn schließlich habe ich auch über die Nachfolgeschaft nachzudenken, denn auch die Nachfolge gehört zu einer langfristigen Unternehmensplanung.

Daß wir den heutigen Stand innerhalb von 25 Jahren erreichen konnten, dafür habe ich aber auch all den vielen Geschäftspartnern, die in der Tat durch die vertrauensvolle und ehrliche Zusammenarbeit meine Geschäftsfreunde wurden, meinen Dank zu zollen.....

**Das Gestern lassen, das Morgen fassen** Als wir am 25. Januar 1960 wirklich auf dem Nullpunkt anfingen, habe ich mir selber nicht träumen lassen, daß wir diesen Tag in dieser Form einmal begehen würden. Nun, da der Erfolg da ist, ist die Freude darüber um so größer.»

Aber Richard Anders blickt schon wieder nach vorne und schließt seine Rede mit einem klaren Bekenntnis für die Zukunft, er sagt:

«Das Gestern lassen, das Morgen fassen. Wir wollen uns nicht auf dem Geschaffenen ausruhen, sondern versuchen, noch besser und noch leistungsfähiger zu werden, denn wer aufhört, besser zu werden, der hat aufgehört, gut zu sein.»

## ALLE LOBEN RICHARD ANDERS

«Ich mag Ihr Wappen so gerne, Herr Anders,» so beginnt **Probst Hans G. Richers** seine Rede, und er fährt fort: «die beiden Flaggen mit dem A, das heißt Anders, das heißt Anfang, das heißt Auftrieb, das heißt alles mögliche Gute. Aber eine von den beiden Flaggen ist merkwürdigerweise gegen den Wind, sonst kann das Bild nicht stimmen, und das ist seine Hand, die Mut hat, anders zu sein. Bei der Firma Anders ist alles anders, das ist ein Slogan. Da wird auch ein Priester rangeholt zum Jubiläum, der ein Grußwort sagen soll. Nicht zur christlichen Verzierung, wie ich den Jubilar kenne, sondern aus ehrlicher Überzeugung.»

Probst Richers zitiert Carl Carstens, den ehemaligen Bundespräsidenten: 'Die Wiedergewinnung der religiösen Dimension ist von entscheidender Bedeutung für unsere Zukunft.' – «Das heißt für diese festliche Jubiläumsstunde nach 25 Jahren harter Arbeit, verehrter Herr Anders, ein aufrichtiger Dank gegenüber dem lebendigen Gott, daß er Mut und Kraft, Einfallsreichtum und Gesundheit gegeben hat und seinen Segen zum Gelingen ... Religiöse Dimension in der Praxis unserer Berufs- und Arbeitswelt, Richard Anders zeigt diese Praxis für uns alle auf.»

Weil er korrekt sei bis auf die Knochen. Er halte sein Wort und verlange das auch von seinen Partnern. Bei allem Verhandeln sei er sich dessen bewußt, daß einer, wenn wir verhandeln, immer mithört. Er gehöre, sagen andere von ihm, zu den Menschen, mit denen man einen Millionen-Vertrag per Handschlag abschließen kann.

«Religiöse Dimension heißt auch Lebenszuversicht, nicht nur in den Lebensabschnitten des Erfolges, sondern vom Grundsatz der Lebensauffassung, von der Erkenntnis, daß unser Atmen-Können, daß unser Essen und Trinken ein Geschenk Gottes sind ...

Religiöse Dimension heißt Einbettung allen Planens und Handelns in ein soziales Verantwortungsbewußtsein: 52 Lehrlinge. Ich kann nicht Gott lieben und zugleich dafür sorgen, daß die Reichen immer reicher und die Armen immer ärmer werden.

Religiöse Dimension, das heißt Kampfansage an den weitverbreiteten Glaubenssatz, der da heißt: «Der Zweck heiligt die Mittel.» Das ist ein böser Satz. Er sagt, daß es auf Redlichkeit letztlich doch nicht so ankommt und daß man eigentlich gar nicht mehr so ganz redlich sein kann. Herr Anders hat uns mit seiner ganzen Firma vorgelebt, daß Härte, Zielstrebigkeit und Erfolgssinn Redlichkeit nicht aus- sondern einschließen ...

Leben und Unternehmergeist von Richard Anders heißt: Kampfansage gegen den Satz «Der Zweck heiligt die Mittel». Er heiligt sie nicht. Der alte Schleswig-Holsteinische Pastor Jessen hat das, was ich versucht habe auszudrücken, aus dem Psalm 127 in plattdütsch übertragen, und da heißt es: «Wenn der Herr nich dat Huus but, dann verschleiht dat nix. Dann verschleiht dat nix, dat de Bulüt sik affraggern dot.» Und der Probst schließt seine Rede mit dem Satz: «Ich danke Ihnen für die Klarheit Ihres Lebens.»

**Korrekt bis auf die Knochen**

«Es gibt wenige 21-Jährige, die das Risiko auf sich nehmen, ein Unternehmen zu gründen», stellt **die Ministerin Ursula Gräfin von Brockdorff** fest und weist gleichzeitig darauf hin, daß ihre Familie mit der Firma Anders bereits seit 15 Jahren vertrauensvoll zusammen arbeitet. Sie sagt weiter: «Sie haben die Chancen unserer Freien Marktwirtschaft wahrgenommen. Ein Unternehmer muß Gespür haben für zukünftige Trends. Er muß den Mut haben, auch mal etwas anders zu machen, und ich glaube, hier war Ihnen Ihr Name Verpflichtung.»

Die Gräfin sieht die Grundlagen des Erfolges aber auch in alten Tugenden, wie: Sparsamkeit, Fleiß, Maßhalten und vor allem auch

Sorge für die Mitarbeiter. Sie schließt mit einem Zitat: ›'Wenn wir die Marktwirtschaft wollen, müssen wir besonders in der jetzigen schwierigen Zeit unsere unternehmerischen Fähigkeiten und Möglichkeiten in die Waagschale legen, um die Wirtschaft in Gang zu halten und damit die Arbeitsplätze zu sichern. Wer wie das Kaninchen auf die Schlange, auf hohe Zinsen, leere öffentliche Kassen, Absatzprobleme, Kostensteigerung und viele Probleme starrt, kann seinen Beitrag zur wirtschaftlichen Gesundung nicht leisten.' Dieses Zitat stammt nicht von einem Wirtschaftsexperten, auch nicht von einem großen Wirtschaftspolitiker, diese Worte stammen von unserem Jubilar, die Worte stammen von 'König Richard', wie Sie in der Bevölkerung nicht ohne Respekt genannt werden.«

**Der Landrat des Kreises Plön, Dr. Wolf-Rüdiger von Bismarck,** stellt fest, daß die Firma Richard Anders ein Mittelstandsbetrieb ist, wie man sich ihn im Kreis Plön nur wünschen kann. Die gute Handschrift von Richard Anders und seiner Firma sei in vielen Orten wiederzufinden und mit dem Auge zu sehen. Der erfolgreiche Firmenchef sei aber nicht nur Manager, er sei auch Mensch geblieben mit bemerkenswerten Wesenszügen und Charaktermerkmalen. Ein dynamischer, ein fairer und ein begehrter Geschäftspartner. «Richard hätt Näs, he weet wo dat lang geiht.» Er habe ein Gespür für Objekte. Und so sei es wohl kein Zufall gewesen, daß er vor 20 Jahren sein erstes Einfamilienhaus in der Kreisstadt Plön für einen dort tätigen Sparkassendirektor baute. Ein Haus, von dem der Bauherr, der es noch heute bewohnt, unverändert sagt: «Ein Haus ohne Fehl und Tadel.» Die Verbindung zum Geldwesen und die Beachtung solider, finanzieller Grundsätze seien von Richard Anders früh erkannt worden. Er gelte als vorsichtig. Er ließe sich beraten, wäge ab und entscheide mit sicherem

**«Richard hätt Näs, he weet wo dat lang geiht»**

risikobewußtem Blick für das Machbare. Er sei aber, trotz aller Arbeitsbelastung, ein fröhlicher und geselliger Mensch.

**Der Präsident der IHK, Dr. Fritz Süverkrüp,** bedauert in seiner Rede, daß es zu wenige unternehmerische Persönlichkeiten gibt und stellt seinen Kollegen, nicht ohne Bewunderung, als leuchtendes Beispiel heraus, obwohl ihm selber ein Wettbewerber in der Kfz-Branche erwachsen sei.
«Die Handelskammer schätzt sich glücklich, einen Unternehmer wie Herrn Anders in ihrer Vollversammlung zu wissen, nicht nur wegen des nicht unbeträchtlichen Kammerbeitrages.»

**Der Festredner, Prof. Dr. Norbert Walter,** Leiter der Abteilung «Konjunktur und Weltwirtschaft» am Institut für Weltwirtschaft der Universität Kiel, gibt klar zu verstehen, daß er weder als Lobredner noch als Zukunftsdeuter hier stehe, sondern als Wissenschaftler, der eine mittelfristige Perspektive wage.
«Ich will Sie zuerst mit etwas konfrontieren, was einigermaßen verläßlich abzuschätzen ist, nämlich der Entwicklung unserer Bevölkerung in der nächsten Zeit.» Durch den sogenannten Pillenknick sei die Geburtenzahl von einer Million in den 60er Jahren seit Mitte der 70er Jahre auf zirka 500.000 zurückgegangen.
«Dieser Einschnitt in der Bevölkerungsentwicklung wird uns vermutlich für die nächste Zeit in vielen Wirtschaftsbereichen ganz, ganz erhebliche Probleme verursachen, natürlich auch Möglichkeiten eröffnen.»
Der Festredner dämpft optimistische Erwartungen auf dem Bausektor, weist aber darauf hin, daß bei jungen Menschen und vor allem bei Senioren steigender Wohnbedarf zu erwarten sei. Die jungen Leute würden sich bald selbst kleinere Wohnungen mieten. In den 90er Jahren allerdings, so schätzt Prof. Walter die Entwicklung ein, werden immer mehr alte Leute gut erhaltene Wohnungen vererben, so daß sich der Wohnbedarf der Jugend schnell wieder kompensiere. «In dieser Phase

bestehen wieder Marktlücken darin, den Bedarf in der Versorgung von Senioren zu decken und beispielsweise altengerechte Wohnanlagen zu errichten.»

Die Bauunternehmer sollten sich schon jetzt darauf einstellen, daß sie ihre Aktivitäten auf Tätigkeitsbereiche lenken, die künftig immer mehr an Bedeutung gewinnen werden. Der Wirtschaftswissenschaftler führte als Beispiele die Entsorgung, den Ausbau der Wasserversorgung, die Verkabelung und generell die Kommunikationstechnologie in Deutschland an. Überall seien auf jeden Fall leistungsfähige Unternehmen des Tiefbaus gefragt. Prof. Walter sagt klipp und klar, daß sich eine Baukonjunktur wie in den 70er Jahren in absehbarer Zeit nicht wieder einstellen wird. «Wir brauchen über die Wohnungsbaulage im Moment nicht zu reden, die Preise für bestehendes Wohnungseigentum sinken, und da Sie, Herr Anders, auf zwei Beinen, auf dem Spielbein und dem Standbein spielen, wissen Sie ganz genau, wenn der Gebrauchtwagenmarkt schwach ist, was dann mit dem Neuwagengeschäft ist. Der Gebrauchtwagenmarkt ist ein hervorragender Indikator für das Neuwagengeschäft, und die Gebrauchtwagen müssen schon wieder ein halbes Jahr gut laufen, bevor die Neuwagen anziehen. Der Wohnungsmarkt ist nicht viel anders, bloß daß er noch träger ist. Also dort haben Sie selbst in Ihren eigenen Beobachtungen einen guten Indikator, der Ihnen sagt, wie es demnächst weitergeht.»

> **Meine Stärke ist, daß ich meine Schwächen kenne**

Knapp 400 Ehrengäste sollen es gewesen sein bei der 25-Jahr-Feier. Die Kieler Nachrichten berichten gar von einer 'Ehrengarde' aus Wirtschaft und Politik, angeführt von Sozialministerin Ursula Gräfin Brockdorff. Viel Ehre für «König Richard», der aber gibt sich bescheiden, ganz im Sinne eines seiner Kernsätze – «meine Stärke ist, daß ich meine Schwächen kenne.«

Zukunftsperspektiven

# DIE HOHE WACHT — EIN HOHES ZIEL

Ein Hotel, das war einer der ersten Träume von Freiheit und Selbständigkeit des jungen Richard Anders. Aber weil er noch kein Geld hatte, dafür aber eine blühende Phantasie und einen eisernen Willen, wollte er das Objekt seiner Träume mieten.
Hier sah er die Möglichkeit der Begegnung mit vielen interessanten Menschen. Aus der guten Idee mit dem Hotel sollte nichts werden, jedenfalls damals noch nicht. Weitsichtige Freunde haben ihm auch davon abgeraten. Richard Anders ließ sich überzeugen. Vielleicht hat ihm eine gütige Fee die ungewöhnliche Gabe in die Wiege gelegt, die Gunst der Stunde abwarten zu können, die Dinge reifen zu lassen, den entscheidenden Augenblick zu erkennen und dann zu handeln. Die alten Griechen nannten das — *Kairos*.

Richard Anders erzählt es so: «Eines Tages hatte ich ein Gespräch mit dem Ortsbürgermeister Wolf von Buchwald. Der suchte einen Bauträger für ein Fremdenverkehrsobjekt in Hohwacht. Er hat mir ein Gelände im Ortskern angeboten. Es gehörte der Neuen Heimat, die in Konkurs gegangen war. Zunächst habe ich abgelehnt, das Gelände war mir zu groß und zu belastet. Es standen hier noch Baracken, Reste aus der Kriegszeit, und man erzählte sich da allerhand Geschichten. Ein halbes Jahr später hat mir Bürgermeister von Buchwald ein weiteres Mal das Gelände angeboten. Dann kam es zum Kauf. Ursprünglich wollte ich hier Ferienhäuser und Appartements bauen, um diese wieder zu verkaufen. Vom Bebauungsplan her waren Wohnblocks vorgesehen. Das war überhaupt nicht in meinem Sinne. Ich konnte erreichen, daß der Bebauungsplan geändert wurde.

Vorbild meiner Ideen war eine Anlage in Fellbach bei Stuttgart, in der ich gewohnt hatte. Architekt Christian Streibel hat sie dann vorbildlich umgesetzt. So entstand zunächst die Appartement-Anlage, später das Hotel.» Richard Anders sagt dann bescheiden aber bestimmt, als würde er das Richtfest eines Einfamilienhauses ankündigen: «Da war dann 1992 die Einweihung des Hotels Hohe Wacht.»

*Appartement-Anlage*

In den Pressemeldungen klang das aber weit euphorischer, in der Zeitschrift 'Kabinett' war zu lesen: «Das muß man gesehen haben. Dort muß man geschlafen, geschwommen und gegessen haben. Denn dieser rotweiß geklinkerte Urlaubspalast lohnt weite Wege und Umwege. Hotel Hohe Wacht in Hohwacht.»

In der Zeitung der Region wurde dem Erbauer und Neu-Hotelier Richard Anders sogar auf plattdeutsch gelobhudelt:

*Zukunftsperspektiven*

«Fründlich un nett, dat sund de Lüd in Hohwacht un dat is ok Jörn Nothdurft mit all de Littmaten vun de Kurverwallung. 'Geh man hen', seggt he to mi, as ik em op de Niebu ansnack, 'gah man hen un kiek di dat an'...

*Vom Gärtner bis zum Hoteldirektor trägt jeder dazu bei, es dem Gast so angenehm wie möglich zu machen.*

*Wellness ist im Hotel Hohe Wacht groß geschrieben. Mancher schwimmt schon vor dem Frühstück ein paar Runden.*

*Im Restaurant wird Kochkunst vom Feinsten geboten. Wer einmal hier gespeist hat, wird immer wieder kommen.*

Wer am Frühstücksbuffet nach der köstlichen Salami greift und vielleicht auch noch den Hinweis liest «Aus eigener Herstellung der Familie Anders», der wird sich kaum vorstellen können, daß die Bullen ihre Weide direkt neben der Richard Anders-Unternehmenszentrale haben. Er wird auch kaum ahnen, daß der Bauunternehmer und Hotelier eigentlich am liebsten Landwirt geworden wäre, sicherlich ebenso mit Erfolg. Aber die Freundschaft zu Hans Stolley und das Vertrauen in seinen Rat waren ihm wichtiger. Und so hat er nun keine große Landwirtschaft, dafür aber eine kleine Bullen-Weide und Fleisch und Wurst davon in einem großen Hotel.

> **Spruch des Tages:**
> Versuche mit dem unvermeidlichen zu leben.
>
> **Ringhotel Hohe Wacht & Appartements ★★★★**
> **Guten Morgen !**
> Höchsttemperatur: 20 °C
> Wasser: 15 °C
> Wind: Südwest, mäßig
> Wetterprognose: aufgelockert bis stark bewölkt
> Ihr Team vom Hotel HOHE WACHT
> … DIE KLEINE, FEINE PERLE AN DER OSTSEE
> Tel. 0 43 81 / 90 08-0 · Telefax 0 43 81 / 90 08-88 · http://www.hohe-wacht.de · e-mail: info@hohe-wacht.de
>
> **Wetterdaten:**
> Sonnenaufgang 04:52 Uhr
> Sonnenuntergang 21:55 Uhr
> Mondaufgang 01:53 Uhr
> Monduntergang 16:40 Uhr

*Wo werde ich als Gast morgens so liebevoll begrüßt? Wo werde ich so klar und ehrlich informiert, an welchem Urlaubsort so mitfühlend getröstet?*

Richard Anders findet auch hier das rechte Maß. Er baut nicht Hoteltürme, die Landschaft und Umwelt zerstören, er baut nur so hoch wie die Baumwipfel wachsen und er baut im Stil der Region. Er kalkuliert nicht mit Massenandrang. Eine «kleine, feine Perle an der Ostsee» soll es sein. In ihr muß sich der Gast wohl fühlen können. Es darf für ihn keine Langeweile aufkommen, auch wenn die Ostsee mal ihr rauheres Gesicht zeigt. Er will, daß seine Herberge auch für einen Durchschnittsverdiener noch bezahlbar ist, daß auch Familien mit Kindern hier gern Ferien machen. Er plant mit Sorgfalt und Weitblick. Alle Annehmlichkeiten, die er in guten Herbergen vorgefunden hat, werden übernommen. Worüber er sich anderswo geärgert hat, das kommt in seinem Haus nicht vor. Er plant und baut mit Stil und mit Herz. Er läßt seine eigenen Träume und Wünsche einfließen. Der Gast spürt es, er fühlt sich aufgehoben und verstanden – er kommt wieder.

# Hotel
# HOHE WACHT
## und
## Appartements

*Die Hohe Wacht ist ein Hotel und eine Appartementanlage von anheimeliger Ausstrahlung, mit Liebe zum Detail und der Freude am Gast. Sie spüren die liebevolle Hand der Inhaberfamilie Anders, ihre Gastfreundschaft und Offenheit. Lassen Sie diese besondere Atmosphäre von Freundlichkeit, von Luxus und Geborgenheit auf sich wirken.*

Das sind nicht leere Anpreisungen, wie sie in manchen Hochglanzprospekten zu lesen sind. Die Gäste finden hier ein faires, mit der Zeit gehendes, individuelles Angebot. Viele danken es damit, daß sie immer wieder, und sei es nur ein paar Tage zum Ausspannen, in die Hohe Wacht kommen. Denn welcher Gast schätzt es nicht, mit Komfort und großer Freundlichkeit aufgenommen zu werden, fast als wäre er der ganz persönliche Hausgast von Elke und Richard Anders. Die Hohe Wacht, das merkt man an vielem sehr deutlich, ist der Augapfel des Hausherrn, und wenn er nicht selber verreist ist, dann vergeht nicht ein Tag, an dem er nicht zumindest mal dort vorbeischaut.

Es ist Mitte November, andere Häuser haben um diese Zeit geschlossen. Der Strand ist wie leergefegt, nur ein paar Unentwegte gehen an der Küste entlang. In der Hohen Wacht aber herrscht Hochbetrieb. Das Innenministerium von Schleswig-Holstein veranstaltet ein Seminar für Führungskräfte und solche, die es werden sollen.
Die Hohe Wacht ist zwischenzeitig ein gefragter Ort für Tagungen und gesellschaftliche Veranstaltungen. Grund für eine bedeutende Erweiterung und Modernisierung.

*Die Tagungsteilnehmer können in der Hohen Wacht nicht nur gut ausgestattete Tagungsräume, sondern auch einen exzellenten Service genießen.*

Unser Angebot, so sagt es Richard Anders, steht täglich auf dem Prüfstand. Deshalb müssen Qualität und Service oberste Priorität haben. So wurden die Appartements und Ferienwohnungen bereits nach zehn Jahren renoviert und völlig neu eingerichtet. Der Hotelkomplex wurde inzwischen um ein Wellness-Center und eine Sauna-Landschaft erweitert, geplant von einem bekannten Bäderarchitekten. Außerdem entstehen zusätzliche Konferenz- und Tagungsräume auf etwa 400 m². So ein kleines CCH, wie in Hamburg.

*Vorarbeiten zum Erweiterungsbau, der Bauherr kümmert sich auch heute noch um Details.*

Zukunftsperspektiven

*Die Hohe Wacht — ein ausgezeichnetes Spitzenhotel*

Und wieder liegt Richard Anders im Trend. Wellness ist «Kult» geworden. Die Menschen suchen Erholungs- und Verwöhnungskultur. Um Wellness und Spa zu erleben, braucht es nicht mehr die Erinnerung an das Tagungshotel in Tokio, das Casino von Las Vegas, den Traum vom Kreuzfahrtschiff in der Karibik.

Die Hohe Wacht macht es möglich, all diese Träume zu verwirklichen. Wellness wird unabhängig von Wetter und Saison. An 365 Tagen im Jahr kann der Gast sich in der Hohen Wacht aktiv erholen. In der neuen Beauty- und Wellnessanlage kann er wählen zwischen Römischem Bad und Finnischer Sauna, verschiedene Dampfbäder verlocken mit ihren Düften und auf den Besuch des Japanischen Bades oder die türkische Seifenmassage wird kaum ein Besucher verzichten wollen.

Zukunftsperspektiven

## ES GIBT NOCH MANCHES ZU TUN

Die Visionen haben sich erfüllt. Viele der angestrebten Ziele wurden erreicht. Geblieben ist aber die andauernde Herausforderung Zukunft. Nichts ist von Dauer, nichts ist so gut, daß es nicht noch besser werden könnte.

Panta rhei, alles fließt, das hat schon vor mehr als 2500 Jahren der griechische Philosoph Heraklit entdeckt. Das ist die andere Seite der Medaille der erfüllten Visionen. Wenn aber alles fließt, muß das Bestehende, so es Bestand haben will, sich bewegen, sich anpassen. Das sind permanente unternehmerische Herausforderungen, die noch besser bewältigt werden können, wenn der Unternehmer, wie Richard Anders, nicht reagiert, sondern agiert.

Von den Politikern wird das Wort «Nachhaltigkeit» strapaziert, sie gebrauchen es meistens an Stellen, wo es sich nicht empfiehlt, konkret zu werden. Der Unternehmer kann sich an der Herausforderung Zukunft nicht vorbeimogeln. Sein Auftrag ist nicht eingeteilt in Legislaturperioden. Er muß die politischen und wirtschaftlichen Veränderungen, auf die er keinen oder nur wenig Einfluß hat, engagiert annehmen.

Was bedeutet konkret die Herausforderung Zukunft?

Seit der Jahrtausendwende befindet sich die Weltwirtschaft in einer großen Umbruchphase. Die Blütenträume der New Economy der vergangenen Jahre sind dahingewelkt, die Börsenwerte haben sich halbiert. Die Unternehmen müssen sich neu positionieren. Gerade in der Bauwirtschaft wurden die Betriebe reihenweise weggefegt.

Am 4. September 2002 steht in der FAZ: «8000 Bauunternehmen müssen aufgeben, 80 000 Arbeitsplätze fallen weg. Der Umsatz der Branche wird nach Einschätzung des Hauptverbandes der Bauindustrie um

5,2 % sinken. Verbandspräsident Walter sagt in Berlin, die Branche befinde sich in einer katastrophalen Situation. Alle Hoffnungen auf ein Ende der Talfahrt hätten sich vorerst zerschlagen». In der gleichen Zeitung ist zu lesen: «Dunkle Wolken über den Büromärkten. Der Nachfragerückgang setzt sich fort. Der Leerstand steigt. Vermietungsmakler unter Druck. Immobilienmakler gelten nicht unbedingt als Pessimisten. Aber der Rückgang der Nachfrage nach Büroräumen raubt vielen von ihnen den Atem.» Wir stehen mitten in einer weltweiten Rezession. Auch die wirtschaftlichen Bäume wachsen nicht in den Himmel. Richard Anders hat für die Höhe seines Hotels in der Holsteiner Schweiz an der Höhe der Bäume Maß genommen. Aber nicht an denen, die in den Himmel wachsen. Er hat, wie so oft, das «rechte Maß» gefunden. – «kein Haus soll höher sein, als die Bäume wachsen.»

Die Hohe Wacht, die «kleine feine Perle an der Ostsee» wird zu einem Besuchermagnet. Richard Anders könnte sich nun auf seinem Alterssitz zufrieden zurücklehnen. Nein, genau das tut er nicht.

Er weiß, daß für mehr Feriengäste die Infrastruktur angepaßt werden muß. Die Strände müssen zeitgemäß gestaltet, das kulturelle Angebot muß erweitert werden. Das aber sind Aufgaben und neue Herausforderungen für die Gemeinden, die zwar am Aufschwung partizipieren wollen, deren Mühlen aber sehr langsam mahlen und deren Säckel außerdem leer sind. Richard Anders geht das alles zu langsam. Er entwickelt Pläne, macht Finanzierungsvorschläge, geht schließlich so weit, daß er eine Vorfinanzierung anbietet, die später durch den Erlaß anfallender Steuern getilgt werden kann. Spätestens hier müßte das Finanzamt über einen zu stiftenden Orden nachdenken, zur Verleihung für vorauseilenden Gehorsam an steuerehrliche Unternehmer.

Die NORD/LB wirbt mit der imaginären Nuß. Sie bezeichnet es als die «norddeutsche Art», in Chancen zu denken, Gewohntes in Frage zu stellen, um ungewöhnliche Lösungen zu finden. Richard Anders, ganz norddeutsch, hat schon zeitlebens gegrübelt und nach Möglichkeiten und Wegen gesucht, um, wenn nötig, auch auf ungewöhnlichen Pfaden Lösungen zu finden. Er hat es immer schon verstanden, den Kern freizusetzen, ohne das Gehäuse zu zerstören. Als Unternehmer muß er seine Interessen und die Interessen seiner Firmen vertreten, sonst ist er sein Geld nicht wert. Aber zu jeder Zeit hat er auch die Interessen der Anderen im Auge, sucht nach Kompromissen, findet oft den Königsweg, bei dem es dann nur Gewinner gibt.

*Richard Anders hat es schon immer verstanden, den Kern freizusetzen, ohne das Gehäuse zu zerstören.*

Ein Beispiel: Brief an den Bürgermeister Günter Marsula, Stadt Lütjenburg: Hier ist nachzulesen, mit welch ausgetüftelten Vorschlägen Richard Anders eine Sache angeht. Und wieder hat er Erfolg. Seine sachkundigen Vorschläge werden von den Beteiligten angenommen, gefördert von der neu gewählten Bürgermeisterin Silke Lorenz, gern unterstützt sie diese Anregungen.

Auszug aus dem Brief an Bürgermeister Günter Marsula vom 12. April 2002:

«... die vorgenannten Supermärkte haben angemeldet, daß sie in der jetzigen Verkaufsfläche ihr Vollsortiment nicht anbieten können und daher bestrebt sind, ihre Verkaufsflächen zu erweitern.
Bisher war man davon ausgegangen, daß eine Erweiterung ... für diese Märkte nur durch Auslagerung der Betriebe in ein am Stadtrand Lütjenburgs liegendes Gewerbegebiet möglich ist.

Eine Auslagerung eines oder beider Märkte in den Außenbereich würde zu einer Steigerung des jetzt schon vorhandenen Leerstandes an Läden in Lütjenburg führen und einer Verödung der Innenstadt Vorschub leisten. Um dem entgegenzuwirken habe ich die Eigentümer und Vorstände der vorgenannten Handelsketten zu Einzelgesprächen eingeladen, um zu ermitteln, unter welchen Voraussetzungen auf eine Verlagerung der Betriebe verzichtet werden könnte. ... Im ... weiteren Verlauf der Verhandlungen wurde deutlich, daß beide Firmen bereit wären, am vorhandenen Standort zu bleiben, wenn es Möglichkeiten gäbe, die jetzigen Verkaufsflächen durch An- und Ausbau zu erweitern ...»
Es folgen sehr konkrete Vorschläge zur Erweiterung der Grundstücke, zur Vergrößerung der Verkaufsflächen und zur Schaffung weiterer Parkplätze.
«... durch diese mir vorgelegten Überlegungen und Planungen kann sichergestellt werden, daß die oben angegebenen Märkte an den jetzigen Standorten verbleiben ... Dadurch wird sichergestellt, daß die Kaufkraft in die Stadt Lütjenburg hineingezogen wird und nicht nach außerhalb abwandert. Gleichzeitig profitieren auch die übrigen im Innenstadtbereich angesiedelten Einzelhandelsgeschäfte und erhalten eine Überlebenschance ...»

Durch Richard Anders' Vorschläge haben alle von einer Sache einen Nutzen, letztendlich die Gemeinschaft, die Bürger einer Stadt. Das ist dann wahrhaftig der Reißverschluß an der Nuß.

Zum 40-jährigen Bestehen der Firma läßt sich Richard Anders wieder etwas Neues einfallen. Es ist die Geburtsstunde der «Richard Anders Kultur und Denkmalstiftung». Bereits im darauffolgenden Jahr werden die ersten Preisträger ausgelobt.

## Zukunftsperspektiven

**RICHARD ANDERS**
Bauunternehmen GmbH · Stahlbetonwerk

Richard Anders · Bauunternehmen GmbH · 24257 Hohenfelde üb. Kiel

24257 **Hohenfelde** üb. Kiel
Telefon (04385) 5978-0
Telefax (04385) 597878

An alle Mitarbeiter und Mitarbeiterinnen

**Bankkonten:**
Sparkasse Kreis Plön (BLZ 21051580) Kto.-Nr. 10199
Raiffeisenbank im Kreis Plön eG (BLZ 21064045) Kto.-Nr. 180076
Postbank Hamburg (BLZ 20010020) Kto.-Nr. 281998-205
Deutsche Bank AG, Kiel (BLZ 21070020) Kto.-Nr. 376749

| Ihre Zeichen | Ihr Schreiben vom | Unsere Zeichen | Datum |
|---|---|---|---|
| | | | 13. Januar 2000 |

**40 Jahre Bauunternehmen Richard Anders GmbH**

Liebe Mitarbeiterinnen, liebe Mitarbeiter,

am 25. Januar 2000 besteht unsere Firma 40 Jahre.

Anstatt einer Öffentlichkeitsfeier werden wir die „Richard Anders Kultur- und Denkmalstiftung" ins Leben rufen.

Für Sie, unsere Mitarbeiter, wollen wir im Sommer 2000 ein gemeinsames Betriebsfest veranstalten. Einen genauen Termin und Ort für diese Feier werden wir mit dem Betriebsrat abstimmen und Ihnen eine Einladung hierzu rechtzeitig zukommen lassen.

Auf 40 Jahre Firmengeschichte können wir alle stolz sein. Dennoch dürfen wir uns nicht auf den Lorbeeren ausruhen, sondern müssen das Erreichte als Ansporn für noch mehr Leistung betrachten. Jeder einzelne, vom Unternehmer und Geschäftsführer bis hin zum jüngsten Auszubildenden, muß wissen, daß jeder nur das für sich in Anspruch nehmen kann, was er selbst erarbeitet hat.

In den 40 Jahren haben wir in unserer Region viele Firmen, insbesondere im Hochbau, kommen und gehen sehen. Wenn wir, als eine der ganz wenigen zwischen Kiel und Lübeck, heute noch mit einer gesunden Perspektive in die Zukunft blicken können, dann gilt Ihnen, den Mitarbeitern unserer Firma, dafür ein ganz besonderer Dank.

In den letzten Jahren ist es immer schwieriger geworden Aufträge zu bekommen. Dennoch hoffen wir, wie bisher auch, durch eigene Bauvorhaben den Fortbestand der Firma auf Dauer sichern zu können.

Unser technisches und betriebswirtschaftliches Know-how und das Können unserer Mitarbeiter läßt uns zuversichtlich in die Zukunft blicken.

Mit freundlichen Grüßen

Richard Anders    Carsten Anders

Eingetragen im Handelsregister Amtsgericht Plön Nr. 1089 · Geschäftsführer: Richard Anders, Carsten Anders

---

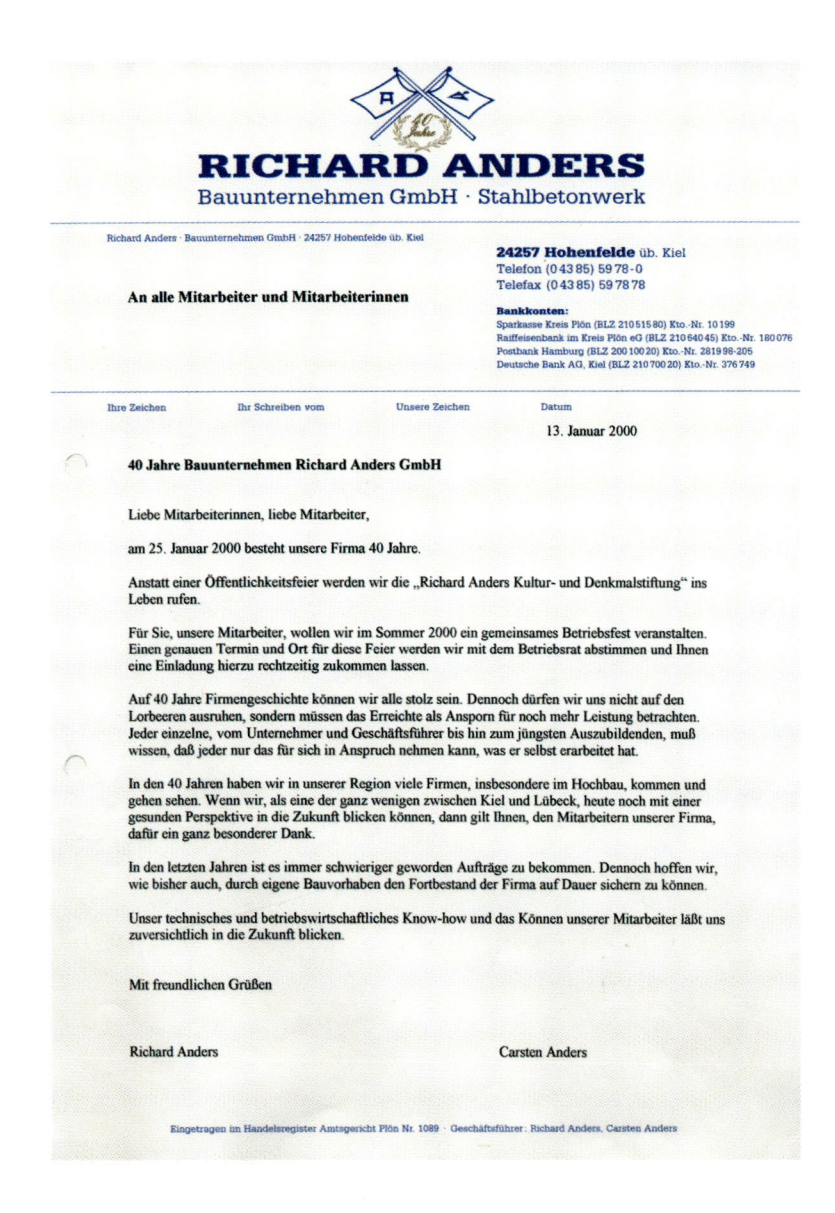

Am 6. Dezember, dem Nikolaustag, werden die Preise im Rahmen einer Feierstunde übergeben. Die Heimatzeitung schreibt hierzu: «Richard Anders, seit 42 Jahren Bauunternehmer im Kreis Plön, möchte baukulturelle Spuren hinterlassen... Und am Sonntag wurde es zum

ersten Mal in der jungen Stiftungsgeschichte feierlich. Im Hotel «Hohe Wacht» in Hohwacht wurden die ersten Preisträger des ausgelobten Wettbewerbs ausgezeichnet... Der Namensgeber der Stiftung berichtet in seiner Begrüßung, daß die Formel «Weg vom Beton — hin zur Sanierung» auch seine ganz persönliche Baugeschichte symbolisiert. Viele Häuser in Lütjenburg und Plön legen davon Zeugnis ab.»

Den ersten Preis, mit 7.500 DM, erhielt das Ehepaar Benno und Elisabeth Jäger aus Sophienhof für die Renovierung eines Ständerfachwerkhauses. Der zweite Preis ging an Frau Heinke Heintzen vom Preetzer Heimatverein für die Erforschung der Preetzer Keramik und die Herausgabe eines Häuserbuches.

Der Chef des Landesamtes für Denkmalpflege, Dr. Michael Paarmann, er ist gleichzeitig einer der Juroren, sprach wohl Richard Anders aus dem Herzen, als er in seiner Ansprache betonte: «Die Kirchen, Gutsanlagen, die stolzen Bauernhäuser und Fachwerkkaten sind die Substanz, aus denen Heimatgefühl gemacht ist; dieses Heimatgefühl ist etwas, was für sehr viele Menschen zum Wohlbefinden dazugehört.»

«Es ist oft schwieriger, ein Unternehmen zu erhalten und erfolgreich weiterzuführen, als ein Unternehmen zu gründen.» Richard Anders weiß, wovon er redet. Acht Jahre, sagt er, brauche man, um einen guten und reibungslosen Übergang zu planen. Frühzeitig hat er seine beiden Söhne, Hauke und Carsten, für ihre Zukunftsaufgaben vorbereitet und zwar praxisnah, jeden auf einer anderen Schiene. Für seine Söhne müsse der sprichwörtlich gewordene Goethe-Satz gelten: «Was du ererbt von deinen Vätern, erwirb es, um es zu besitzen.» Der Vater ist stolz auf Hauke und Carsten. Er läßt ihnen angemessene Freiräume, um eigene Ideen entwickeln zu können, bleibt aber immer noch Hauptgesellschafter und geschäftsführender Gesellschafter der Unternehmen.

**Richard Anders ist stolz auf seine beiden Söhne**

Um die Entwicklung und Erweiterung der Hohen Wacht kümmert er sich selber. Das operative Geschäft überläßt er hier dem gut eingespielten Fachpersonal.

**Hauke Anders** wollte nicht Bauunternehmer werden. Er erlernte zunächst einen praktischen Beruf, wurde Kfz-Mechaniker, um anschließend in Daimler-Benz-Betrieben eine kaufmännische Lehre zu absolvieren. Nach erfolgreichem Abschluß nutzte er hier die Möglichkeiten zu vielen Lehrgängen und Seminaren, die ihn unter anderem auch nach London führten, um seine vorbereitende Laufbahn schließlich nach dem Fachabitur und einem Studium als Betriebswirt abzuschließen. Er leitet heute mit großem Erfolg das Autohaus Anders GmbH, Vertreter der Daimler-Chrysler AG Vechta mit Niederlassungen in Diepholz, Syke, Damme, Nienburg und Hoya. In diesem Unternehmensbereich werden etwa 260 Mitarbeiter beschäftigt.

**Carsten Anders** machte nach dem Abitur zunächst eine Banklehre bei der Landesbank in Kiel und anschließend ein Ingenieurstudium. Heute ist er bereits Geschäftsführer des Baugeschäftes und des Wohnungsunternehmens. Das Wohnungsunternehmen umfaßt mehr als 500 eigene Wohnungen, dazu 150, an denen das Unternehmen beteiligt ist und etwa 100, die nur verwaltet werden.

«Ein Unternehmer ist nur ein richtiger Unternehmer, wenn er nicht nur an heute, sondern auch an morgen und an übermorgen denkt.» Richard Anders mit Söhnen Hauke (links) und Carsten.

«Für mich ist es eine zufriedenstellende Erfahrung, daß meine Söhne das Unternehmen auch heute schon ohne mich weiterführen könnten. Auf der anderen Seite kann ich einen reichen Erfahrungsschatz und viele Verbindungen einbringen. Natürlich möchte ich auch noch lange arbeiten und dabei viel Spaß haben, und ich möchte, wie fast alle Menschen, sehr alt werden aber nie alt sein.»

## DER MARKTWIRTSCHAFT VERBUNDEN

«Fragt nicht, was euer Land für euch tun kann – fragt, was ihr für euer Land tun könnt». Diesen pathetischen Satz formulierte einst John F. Kennedy zu seiner Amtseinführung, und er steht auf seinem Grabstein. In unserem Deutschland der Umverteilung paßt dieser Satz so recht zu kaum einem Politiker, wohl aber zu manchem Unternehmer.

Von der Wolle her rot eingefärbt, – die Roten, das waren damals noch eindeutig die Verfechter einer Planwirtschaft – erkennt Richard Anders sehr bald, daß sich die individuelle Freiheit nur in einer mit Privateigentum ausgestatteten, wettbewerblich organisierten Marktwirtschaft verwirklichen läßt. Er beschreitet diesen Weg, wissend, daß Freiheit immer auch die Freiheit zum Scheitern und zur selbstgewählten Abhängigkeit einschließt. Die Abhängigkeit von Staat und Gesellschaft, deren Hang zur Gleichmacherei, sind ihm suspekt. Sagt dazu schon Goethe in seinen Maximen und Reflexionen: «Gesetzgeber und Revolutionäre, die Gleichheit und Freiheit zugleich versprechen, sind entweder Phantasten oder Charlatane.»

«Dem guten Gewinn entspricht die hohe Verantwortung»

Für Richard Anders ist klar, wo er in diesem fortwährenden Konflikt zwischen den revolutionären Forderungen von Gleichheit und Freiheit hingehört. Wobei es ihm dabei nicht nur um Markt und Unternehmertum geht, sondern immer auch um ethische Werte. Er weiß, daß es für die Führung und den Erfolg eines Unternehmens recht einfache Grundsätze gibt, die Macht und Ethik miteinander verbinden.

«Wer am Wettbewerb des Marktes teilnimmt, tut gut daran, sich fair zu verhalten. Wer freiheitliche Ansprüche an das Gemeinwesen stellt, der muß auch gegenüber dem Gemeinwesen seinen Beitrag leisten. Dem guten Gewinn entspricht die hohe Verantwortung.»

So schlicht, aber für jeden verständlich, sagte es in einem Vortrag der Altbundespräsident Richard von Weizsäcker. Genau dieser Verantwortung fühlt sich Richard Anders jederzeit verpflichtet.

Die Grundgedanken der sozialen Marktwirtschaft sind bereits bei dem englischen Ökonomen Adam Smith nachzulesen. Die Gründer der freien Marktwirtschaft in Deutschland, unter anderem Walter Eucken, bezogen ihre Gedanken aus dem Widerstand gegen den Nationalsozialismus. Von Ludwig Erhard wurde die freie, soziale Marktwirtschaft beherzt und überzeugend in Politik umgesetzt.

Ludwig Erhard setzte auf die soziale Verantwortlichkeit der Unternehmer, er wußte, daß die Moral nicht vom Markt kommen kann, sondern vom Führungspersonal. Die Unternehmenskultur muß aus Einsicht und Praxis bestehen. Die freien Kräfte des Marktes dürfen sich nur innerhalb der von der Ethik vorgegebenen Grenzen bewegen.

In Deutschland war nach Kriegsende die Sozialethik in hohem Maße von der katholischen Soziallehre geprägt (vergleiche Oskar von Nell-Breuning: «Mit Segenssprüchlein baut man keine Eisenbahn»). Das waren keine religiösen Glaubenslehren, sondern praxisnahe Überlegungen im Blick auf allgemeingültige Rahmenbedingungen für das freiheitlich gerechte Zusammenleben unserer Gesellschaft. Dieses Bedürfnis entsprach genau dem damaligen Zeitgeist.

Ludwig Erhard, der heute von vielen Politikern vorzeigehalber aus dem Archiv der Zeitgeschichte geholt wird, war für Richard Anders damals schon ein Maßstab. Das waren Überzeugungen und Grundsätze, die er vertreten konnte. Um sie mit Nachdruck zu verwirklichen, wurde er Mitglied der CDU.

Am 23.06.1960 wurde im deutschen Bundestag «das Gesetz über den Abbau der Wohnungszwangswirtschaft und über ein soziales Miet- und Wohnrecht» in Kraft gesetzt. Damit wird der Wohnungsmarkt in das System der sozialen Marktwirtschaft eingegliedert. In der Weltpolitik ging es in dieser Zeit bewegter zu — Nikita Chruschtschow hämmert in der Uno mit seinem Schuh auf das Rednerpult. John F. Kennedy wird

Präsident der Vereinigten Staaten. In dieser Zeit hämmert Richard Anders auf seinen Baustellen, angestrengt, aber immer schon zielgerichtet. Denn in seinen Zielvorstellungen weiß er bereits, wo es langgehen muß.

Die Menschen, die Politiker unserer Tage, scheinen vergessen zu haben, daß eine freie, soziale Marktwirtschaft nur dann funktionieren kann, wenn alle die Spielregeln einhalten. Sozial kann nicht für die Vorstellung stehen, der Staat könne alle umfassend versorgen. Frei steht nicht für einen Freibrief des Staates, alles zu reglementieren, abzukassieren, wo immer etwas zu holen ist. Das Soziale Netz verführt viele zum Ausruhen, die implizierte Eigenverantwortung hat da in der Lebensplanung keinen Platz mehr.
Von Gesetzgebern und Verbänden wird oft vergessen, daß sich das Umfeld verändert hat. Die Welt hat sich verkleinert, ist überschaubarer geworden. Das haben neben den Konsumenten als erste die Märkte entdeckt. Globalisierung wird zum unreflektierten Reizwort. Wo Flexibilität gefragt ist, stehen wie einzementiert Gewohnheit und überholte Gesetzmäßigkeiten. So ist das Kündigungsschutzgesetz, zum Beispiel, längst zur Einstellungsbarriere geworden. Im Klartext, der Paragraphendschungel muß verschwinden, damit Arbeitgeber nicht aus Angst vor Gesetzesverstößen auf die Schaffung neuer Arbeitsplätze verzichten. Eine Konjunkturschwäche wird leicht zur Strukturkrise. Hinter den Besitzständlern steht wie eine Betonwand eine übermächtige Lobby von Funktionären, die um ihre Pfründe bangen. Die Reglementierer im Staat haben die Beamtenschaft überdimensional anschwellen lassen. Eine hochdotierte, bestens abgesicherte Armee von Funktionären bringt alle Haushalte zum Platzen. Unser Sozialstaat frißt sich selber auf, indem er die Grundlagen des Wirtschaftens zerstört: immer mehr Abgaben und Bürokratie, immer weniger Freiheit für die Unternehmen.
Am Mittwoch, dem 13. November 2002, stellt der Rat der Wirtschaftsweisen vor dem Parlament fest: Mit einer marktwirtschaftlichen Ord-

nung sei die deutsche Staatswirtschaft kaum mehr zu vereinbaren. Meinen doch auch viele Akademiker, daß sie sich mit einer einmaligen Geistesanstrengung, die sich in einer Diplomurkunde manifestiert, einen lebenslangen alimentierten Platz organisiert haben.

Richard Anders, der Praktiker, hat das Funktionieren der freien, sozialen Marktwirtschaft lange vor denen begriffen, die Betriebswirschaft oder Politikwissenschaft studiert haben. In stets eigenverantwortlichem Handeln hat er mit hausväterlicher Strenge und Milde zugleich die Zeichen der Zeit erkannt und vorausschauend reagiert. Reagiert durch Taten, denn «Wissen ist Schlaf, Realisieren ist Macht», so sagt es ein erfolgreicher Unternehmer und Unternehmensberater.

Viel kluges Wissen wird bei uns in Deutschland in zu vielen Kommissionen erarbeitet, um es aufzuschreiben und zu dokumentieren. Die Politiker bedienen sich dann dieser Weisheiten, wenn sie mal wieder gewählt werden wollen.

Richard Anders mußte nicht gewählt werden, er war nie ein ehrgeiziger Parteipolitiker. Wenn ein Objekt oder eine Aktion der Sache und den Menschen dienlich ist und gleichzeitig noch seinem Unternehmen nützt, dann wirbt er um Verbündete in allen Lagern. Und er versteht es, zu überzeugen. Genau das ist gelebte, freie, sozialverpflichtete Marktwirtschaft im Sinne von Adam Smith und Ludwig Erhard.

## BESESSENHEIT UND BESCHEIDENHEIT

«Erfolg kommt von Besessenheit und Bescheidenheit», so sagt es der Bergsteiger Reinhold Messner. Wenn er im Nachsatz meint, daß Intuition viel weniger dazu gehöre, als man annimmt, so trifft das vielleicht für ihn zu, den Bergsteiger. Richard Anders will aber nicht nur den Berg erklimmen und die Welt von oben sehen, er will mehr. Er will die Freiheit in der Selbständigkeit, koste es was es wolle. Er will nicht nur nach oben klettern, um sich einen wunderbaren Blick zu gönnen, nein, Richard Anders will nach oben, um sich dort einzurichten.

Aber er ist nicht Ikarus, der davonfliegt und dabei der Sonne zu nahe kommt, deren Hitze ihm dann die Flügel abschmilzt. Er ist maßvoll, um nicht zu sagen bescheiden, das rettet ihn vor dem Absturz.

Richard Anders ist voll und ganz Unternehmer, aber woher nimmt er das jeweils richtige Maß?

Vor 35 Jahren veröffentlichte Leopold Kohr in England sein wichtigstes Buch: «The Breakdown of Nations». In einer Zeit der Wachstums-Euphorie wagte es da jemand, den Experten blinden Glauben an «das Wachstum» auszureden: Nicht in permanentem Wachstum liege das Wohl des Menschen, sondern im «menschlichen Maß.» Mit Hilfe einer einheitlichen Theorie führt er sämtliche Phänomene der sozialen Welt auf einen gemeinsamen Nenner zurück. Als Ergebnis bietet er eine neue vereinheitlichte politische Philosophie an, in deren Mittelpunkt die Theorie der Größe steht. Diese Theorie behauptet, «daß hinter allen Formen des sozialen Elends nur eine einzige Ursache steht: nämlich Größe. Wo immer etwas falsch ist, ist es zu groß.»

Kohr weist, um seine These zu belegen auf die Saurier hin, die an ihrer Größe zugrunde gegangen sind, oder auf den Turmbau zu Babel.

Vielleicht zerbrechen aber Firmen weniger an ihrer Größe, als an einem zu schnellen, unangemessenen Wachstum. Eines aber steht fest, der sichere Weg ist immer der überschaubare Weg. Richard Anders, der mit unternehmerischer Besessenheit sein Imperium aufgebaut hat, sagt jedem, der es hören will: «in meinem Unternehmen muß der Erste den Letzten kennen». Somit hat er sich selber in eigener Selbstbescheidung Grenzen gesetzt.

## ÜBER DEN WOLKEN — GRENZENLOS

Richard Anders erzählt vom Fliegen, aber so, wie einer, der von seinem Hobby spricht. «Fliegen, das ist zunächst mal etwas, da kann und muß ich total abschalten, da kann es keine Gedanken an das Geschäft geben». Fliegen, das ist für Richard Anders eine neue Dimension von Körpergefühl und Wesenserfahrung. Fliegen, das ist wie 'Fragen in den Wind hängen und auf Antwort warten', wie es in einem Gedicht heißt.

Fliegen hat auch etwas Paradigmatisches. Es beginnt von ganz unten. Aber dann ist man sehr schnell, nach einer prickelnden Zwischenstufe, oben. Oben sein, ein erhabenes Gefühl, sich ohne Überheblichkeit über aller Welt fühlen. Sorgen, Streß, Kümmernisse, Eifersucht, Depressionen zurücklassend, mit den Engeln sich auf du und du fühlend. Hinein in den blauen Himmel, der einfach blau ist, das muß nicht erklärt werden. Die Wolken, sie haben keine Angst, wenn man in sie hineintaucht, neidlos nehmen sie meinen Aufstieg hin, alles bleibt folgenlos. Ihre majestätische Einsamkeit verbindet. Sie sind einfach weiß, wie der Himmel blau, nichts muß hier erklärt oder gar begründet werden. Sie müssen nicht ängstlich fragen, wie sie wieder runter kommen. Dieser Gedanke ist aber noch weit entfernt, noch scheint die Freiheit grenzenlos zu sein. Die Unendlichkeit genießen, sie ist so riesengroß, daß die eigene Endlichkeit sich wie auferstanden fühlt.

«Mit der Fliegerei verbinden sich für mich viele interessante Erlebnisse und Erfahrungen. Ich fliege im Jahr etwa 25 bis 30 Stunden; um die Flugberechtigung zu behalten, muß man jährlich mindestens zehn Stunden geflogen sein. Mein Pilotenschein mit CVFR-Berechtigung gibt mir die Landung auf internationalen Flughäfen frei.

Mit meinem langjährigen Freund, dem Gynäkologen Dr. Hans Herbold aus Kiel, bin ich im Laufe der Jahre schon ganz Europa abgeflogen, kam an Orte und Plätze, die ich mit normalen Verkehrsmitteln nie erreicht hätte. Ich bin aber auch geschäftlich unterwegs, so fliege ich meistens nach Vechta, das sind über 300 km.»

Richard Anders landete schon in Wien, in London, in Paris, er fliegt zu den Salzburger Festspielen; er sah unter sich das Mittelmeer, kennt die skandinavischen Länder von oben. Viele Geschichten verbinden sich mit der Fliegerei, Richard Anders kommt ins Schwärmen, wenn er davon erzählt. Da gab es einen dramatischen Nachtflug nach Budapest, mit – Gott sei's gedankt – glücklichem Ausgang. «Als ich vor zwei Jahren von Paris nach Kiel zurück flog, mit terrestrischer Navigation, ich war dabei, die Ardennen zu überfliegen, da kam mir Sedan in den Blick und mein Vater in den Sinn, der war 1914 mit aufgepflanztem Bajonett gegen den 'Erbfeind', die Franzosen, gestürmt. Ich, Richard sein Sohn, sitze im eigenen Flugzeug und überfliege friedlich, mit guten, freundschaftlichen Erinnerungen an das zurückliegende Paris, diesen blutgetränkten Landstrich.

Ich, der ich jetzt oben bin, verdanke diesen Aufstieg auch meinem Vater, ja auch meinem Großvater, die ganz unten anfangen und zurechtkommen mußten. Mein Vater mußte noch auf den Dächern herumsteigen, ich darf sie überfliegen.»

## WAS GLEICHET AUF ERDEN DEM JÄGERVERGNÜGEN

Zur Jägerei kam Richard Anders nicht unbedingt aus Leidenschaft; es gehörte hier auf dem Lande einfach dazu, und so machte er bereits 1962 nach intensiver Vorbereitung die Jägerprüfung. Und was da ein Jungjäger alles wissen muß! Ein Blick in den mehr als 500-seitigen Band von Dr. Richard Blase «Die Jägerprüfung» läßt einen interessierten Laien staunen.

Im Restaurant der Hohen Wacht wird neben köstlichem Fisch auch viel Wild serviert. Gelegentlich erhält man hier den Hinweis, «von Herrn Anders letzte Woche im eigenen Revier geschossen».

Durch die Jägerei ist man auch in guter Gesellschaft. Hier werden Traditionen gepflegt. Wald und Flur bieten Erholung und Entspannung, beim munteren Schüsseltreiben läßt sich's aber auch mal über Geschäftliches reden. Es müßte nicht Richard Anders sein, wenn er bei solchen Gelegenheiten nicht die Lauscher weit offen hätte. Aber im Mittelpunkt steht immer wieder das Jagen und die Gestaltung einer zünftigen Jagd nach altem Brauchtum. Richard Anders' jagdliche Passion liegt nicht allein im Abschuß, sondern auch in der Hege und in der Beobachtung des Wildes. Das bestätigt folgende Geschichte, sicherlich kein Jägerlatein:

*Der stolze Schütze und Jagdherr hält beim erlegten Keiler, der mit offenem Gebrech ebenso stolz seine Gewehre zeigt, die Totenwache*

«Es war eine Zeit, da sollte man viel mehr Rehwild schießen. Ich saß auf

*Der Jagdherr, dritter von links, läßt das gestreckte Wild verblasen. Er dankt St. Hubertus für den schönen Jagdtag, den Schützen und Treibern für den jagdlichen Erfolg.*

dem Ansitz, da kam ein Reh ganz alleine am Wald entlang. Es zieht keine zehn Meter an mir vorbei, ich ziele, das Reh schaut zu mir hin, ich hatte hinter mir eine schattige Wand, so daß es mich nicht sehen konnte. Jetzt hätte ich schießen müssen – aber ich dachte, so ein schönes Schmaltier, oder ist es eine Ricke.... Gut, daß ich das so gemacht habe, denn wenig später kam das Kitz hinterher. Es ging keine drei Meter entfernt an mir vorbei. Ich war regelrecht gefangen von der Idylle und freute mich hinterher nachhaltig über das Jagdglück der besonderen Art.»

Häufiger Begleiter im Revier ist sein alter Jagdgenosse und Freund Otto Erichsen. Die gemeinsamen Erinnerungen reichen mehr als 40 Jahre zurück So weit zurück reicht auch eine intensive Geschäftsverbindung, Otto Erichsen belieferte die Firma Anders mit Eisen und Werkzeugen. Heute, nachdem er seine geschäftlichen Aktivitäten hinter sich gelassen hat, verbringt er viel Zeit im Revier Schmoel bei Panker. Er ist ein passionierter und erfolgreicher Jäger und hat im Revier die volle Übersicht. Nach gemeinsamen Pirschgängen oder Ansitzen kommt es nicht selten vor, daß Elke Anders daheim mit einem deftigen Mahl aufwartet, bereits den Kamin angefeuert hat. Wenn dann noch Lust zu mehr Geselligkeit aufkommt, dann wird auch mal nach dem fehlenden dritten oder auch noch vierten Mann zum Skat telefoniert.

## RICHARD ANDERS LIEBT DIE GESELLIGKEIT

Diese Neigung hat ihn, bereits von Jugend an, mit vielen Menschen und den unterschiedlichsten Interessengruppen zusammengebracht.

Das Golfen als sportliche Betätigung entdeckte Richard Anders in Hohwacht, als dort ein Gelände ausgewiesen und ein Golfclub gegründet wurde. Zunächst hat da seine Frau Elke mitgespielt. Sie mußte ihn zum Golfen erst überreden. Jetzt hat er bereits ein Handycap von 28, damit kann er weltweit auf jedem Platz spielen. Der Golfplatz ist aber auch ein attraktives Freizeitangebot für seine Gäste.

Seit einigen Jahren ist Richard Anders auch Mitglied in einem Skat-Club. Allerdings einem mit besonderen Spielregeln und besonderen Mitgliedern. Der Club hieß früher Banker-Skatclub. Genau 22 Mitglieder treffen sich jeden ersten

Montag im Monat Punkt 18 Uhr im Dorfkrug. Nach dem gemeinsamen Essen, das abwechselnd immer einer bezahlt, wird ausgelost, wer mit wem spielt. Gespielt wird genau bis 22 Uhr in eine Kasse.

Jeder kann sich aus dieser Kasse bedienen. Allerdings nur für einen guten Zweck, und er muß den gleichen Betrag aus der eigenen Tasche dazulegen. Die Quittung muß den Skatbrüdern vorgelegt werden. So werden jedes Jahr 3.000 bis 4.000 Euro für gemeinnützige Zwecke gespendet.

«Da merke ich, daß es nichts Besseres gibt als fröhlich sein und sich gütlich tun in seinem Leben. Denn ein Mensch, der da ißt und trinkt und hat guten Mut bei all seinem Mühen, das ist eine Gabe Gottes.»

(Prediger 3, 12.13)

### «Richard ut Hohenfeld»

Und so steht es im Mai 1988 in der Zeitung: «Nun ist es auch amtlich, die Majestät der «Lütjenburger Schützen-Totengilde von 1719» heißt 'Richard ut Hohenfeld'. In feierlicher Sitzung des Gesamtvorstandes und des Gildenrates – der Versammlung aller früheren Majestäten – schrieb sich Richard Anders, der am Dienstag nach Pfingsten am Ende des Bürgervogelschießens zur Majestät ausgerufen worden war, ins «Goldene Buch der Könige» ein.

**Lütjenburger Schützen-Totengilde von 1719**

Nachdem unser hochverdienter Gildebruder und Vorstandsmitglied

**Richard Anders**

anläßlich unseres diesjährigen Schützenfestes am 24. Mai 1988 zum ersten Schützenkönig unserer Gilde proklamiert wurde erfolgt in heutiger Festsitzung im

**Goldenen Buch der Könige**

seine feierliche Einschreibung als

*„Richard ut Hohenfeld"*

Wir überreichen ihm als unsere nunmehrige

Erste Majestät die Ehrenurkunde

mit dem Ausdruck des Dankes für seine langjährige Mitarbeit und in der Hoffnung, daß ihm eine glückliche Regierungszeit zum Wohle unserer Gilde beschieden sein möge.

Lütjenburg, 28. Juni 1988

Obergildemeister:   Gildeoberst:   Schatzmeister:

# RICHARD ANDERS ENGAGIERT SICH

Er wurde in zahlreiche Ehrenämter berufen, mehr als 30 Jahre war er Kirchenältester der Kirchengemeinde Giekau-Hohenfelde, etwa 20 Jahre Synodaler im Kirchenkreis Plön.
Er ist Mitglied der IHK-Vollversammlung in Kiel und gleichzeitig Vorsitzender des Regionalbeirates der IHK Kreis Plön.
Das Arbeitsgericht in Kiel berief Richard Anders bereits vor Jahren zum ehrenamtlichen Richter.

Als Küstenbewohner und Sportshipper, den Bootsführerschein machte er bereits in jungen Jahren, fühlt er sich der Deutschen Gesellschaft zur Rettung Schiffbrüchiger besonders

*Es ist Sonntag, 16. März 2003, die beiden jungen Leute sind freiwillig im Dienst, sie sind stolz auf 'ihre' beiden schmucken Schiffe Helmut Manthey und Bottsand, die einsatzbereit im Hafen von Hohwacht-Lippe liegen*

verbunden. Hier bei der DGzRS wurde er bald zum Mitglied des beschlußfassenden Gremiums berufen und muß mit entscheiden über nicht unbeträchtliche Summen, die weit über einen normalen Vereinsetat hinausgehen. Schließlich soll eine stolze Flotte von Rettungsschiffen jederzeit einsatzbereit sein und auf dem neuesten technischen Stand gehalten werden.

Seit 1977 gehört Richard Anders dem Rotary-Club in Plön an. 1987/88 ist er Präsident des Clubs gewesen. Dort hielt er am 10. November 1986 eine programmatische Rede. Thema: «Als mittelständischer Unternehmer zwischen Rezession und Boom.»

*Das Zahnrad steht für schnelle Verbindung und für vernetzte Hilfe*

Die Rede könnte ebenso im Jahr 2002 gehalten sein. Sie könnte auch Teil eines betriebswirtschaftlichen Seminars an einer Hochschule sein.

Richard Anders beginnt: «Liebe Freunde, wie die meisten von Ihnen wissen, bin ich unternehmerisch auf zwei Feldern tätig, die gegensätzlicher in der heutigen Konjunkturlandschaft gar nicht sein können. Genauer gesagt betreibe ich fünf Unternehmen mit ca. 200 Mitarbeitern. Davon 75 Mitarbeiter im Baubereich und 125 Mitarbeiter im Kfz-Bereich....Während die Bauwirtschaft seit Jahren die tiefste Rezession seit Ende des 2. Weltkrieges durchleidet, glänzt die Automobilindustrie.... Nun könnte man sagen: 'Oh wie schön, er hat Diversifikation betrieben, er macht zwar in der einen Branche Verluste, kann diese aber mit Gewinnen aus dem anderen Tätigkeitsfeld ausgleichen'. Natürlich kann das nicht so sein. Ein Unternehmer kann sein Unternehmen nur mit der Absicht betreiben, Gewinne zu erzielen. Denn nur wenn der Unternehmer Gewinne macht, kann er die ihm auferlegten sozialen Verpflichtungen gegenüber seinen Mitarbeitern und Vertragspartnern erfüllen. Dort wo das nicht der Fall ist, muß rechtzeitig liquidiert und die unternehmerische Tätigkeit aufgegeben werden.»

Richard Anders hält es für absolut unzulässig, daß ein notleidender Unternehmensteil durch einen stärkeren Bereich subventioniert wird. Die Konjunkturwelle zwischen Boom und Rezession wird immer kürzer. Gerade dies verlangt vom Unternehmer hinsichtlich der Liquidität höchste Wachsamkeit. «Deshalb», so erläutert der Redner, «habe ich seit vielen Jahren in meiner Unternehmensplanung die Entscheidung getroffen, das Bauunternehmen nie über 100 Mitarbeiter anwachsen zu lassen. Nicht zuletzt auch mit dem Hintergrund:

**Der Erste muß den Letzten kennen.**

Beherrscht werden meine Gedanken als Unternehmer seit Anbeginn von vier großen Themenkreisen:

    von der Liquidität meiner Unternehmen

    von der Rentabilität der Aufträge und Geschäfte

    von der Akquisition, dem Hereinholen von Aufträgen...

    vom Betrieb, seinen kaufmännischen und gewerblichen

    Teilen...Leistungsfähigkeit, Rationalisierung, Personal-

    probleme usw.»

Die Reihenfolge gilt Richard Anders als «Wertigkeitsskala.» Unternehmerisches Denken, davon ist er überzeugt, beginnt bei der Liquidität, der Zahlungsbereitschaft. «Die Kunst des Unternehmers ist es, die Zahlungsbereitschaft für den Zeitpunkt sicher zu stellen, an dem die Zahlung fällig ist. Das hört sich sehr einfach an, ist aber in der Praxis verdammt kompliziert, was die Tatsache beweist, daß hauptsächlicher Konkursgrund die Zahlungsunfähigkeit ist.»

*Der hauptsächliche Konkursgrund ist die Zahlungsunfähigkeit*

Das gute Verhältnis zur Hausbank und das Anlegen von Liquiditätsreserven in guten Zeiten sind von existentieller Wichtigkeit. Und vor allem: «Die Zahlungsbereitschaft jedes einzelnen Unternehmens muß gewährleistet sein.....

Für jedes Unternehmen müssen die drei Eckwerte Eigenkapital, Umsatz und Rendite in sich ... schlüssig sein.»

Umsatz muß erzielt werden, der Rendite bringt, und hier wird die Phantasie und das Gespür des Unternehmers wirklich gefordert. Sternstunden für Richard Anders. Mit ungewöhnlicher Freimütigkeit offenbart er die in seinen Betriebsbereichen unterschiedlichen Gegebenheiten und Erfordernisse unternehmerischer Betriebsführung; treffender könnte es in keinem Lehrbuch stehen.

Fazit: Verschiedene Unternehmungen sind jeweils mit eigener Rechtspersönlichkeit auszustatten, jede für sich muß Gewinn erwirtschaften, auch wenn sie in der Verantwortung eines einzigen Unternehmers stehen.

Hier, wie bei vielen anderen Gelegenheiten, wird deutlich:
Richard Anders ist der geborene Unternehmer.
Interressant ist ein Vergleich mit seiner Rede am 18.11.2002 im Hotel Fegetasche in Plön. Aus dem Protokoll des RC Plön 16 Jahre später: «Frd. Anders stellt rhetorisch die Frage, ob die Differenzierung in den unternehmerischen Aktivitäten im Nachhinein wohl richtig gewesen sei, was er mit einem eindeutigen «ja» beantwortet.»

## EINE EHRUNG BESONDERER ART

Presseinformation aus dem: *Ministerium für Wirtschaft Technologie und Verkehr des Landes Schleswig-Holstein*

«Richard Anders aus Hohenfelde wurde vom Bundespräsidenten mit der Verdienstmedaille des Verdienstordens der Bundesrepublik Deutschland ausgezeichnet. Wirtschaftsminister Horst Bülck überreichte die Medaille am 5. März 1999 im Kieler Wirtschaftsministerium.

«Herr Anders hat sich über Jahre hinweg im berufsständischen, kulturellen und sozialen Bereich in einem Maße engagiert, das weit über das übliche Engagement hinausgeht», sagte Minister Bülck im Rahmen der Feierstunde.

«Richard Anders ist seit 1985 Mitglied der Vollversammlung der Industrie- und Handelskammer zu Kiel. In dieser Zeit hat er eine Vielzahl von Anregungen und Initiativen in die Kammerarbeit eingebracht, die häufig über den direkten Anlaß hinaus positive Wirkungen entfaltet haben.

Seit zwei Jahren ist er Vorsitzender des Regionalbeirates der IHK zu Kiel, Kreis Plön. In dieser Tätigkeit hat er sich immer wieder als besonders motivierter und über den Tellerrand des eigenen Unternehmens hinausschauender Unternehmer gezeigt, der dabei stets auch das Wohl der Region im Auge hatte.

In seinem Unternehmen hat Herr Anders kontinuierlich und häufig überdurchschnittlich ausgebildet.

Ein weiteres Feld seines ehrenamtlichen Engagements ist die Arbeit als Kirchenältester...

Weitere ehrenamtliche Tätigkeiten sind die Mitarbeit im beschlußfassenden Gremium der Deutschen Gesellschaft zur Rettung Schiffbrüchiger sowie als Laienrichter am Arbeitsgericht.

Besondere Verdienste hat Richard Anders als Mäzen und Sponsor für Vorhaben in seiner Heimat erworben. Er war von Beginn an im Beirat Plön des Schleswig-Holstein-Musikfestivals tätig. Seinem finanziellen Engagement sind im wesentlichen die Empfänge für Künstler und Besucher im Anschluß an die Konzerte zu verdanken. Zum 25jährigen Kirchenjubiläum seiner Heimatgemeinde stiftete er einen freistehenden Glockenturm. Im Rahmen der Sanierungsmaßnahmen in der Stadt Lütjenburg hat er die Alte Schmiede saniert und der Stadt für 35 Jahre kostenlos zur Verfügung gestellt.

Richard Anders hat 1988 von der Bürgergemeinschaft der Stadt Neustadt den Stadtpreis für Leistungen der Stadterhaltung und insbesondere der Sanierung des Hornschen Speichers und 1993 eine Urkunde des Kreises Plön für Leistungen in der Denkmalpflege erhalten.»

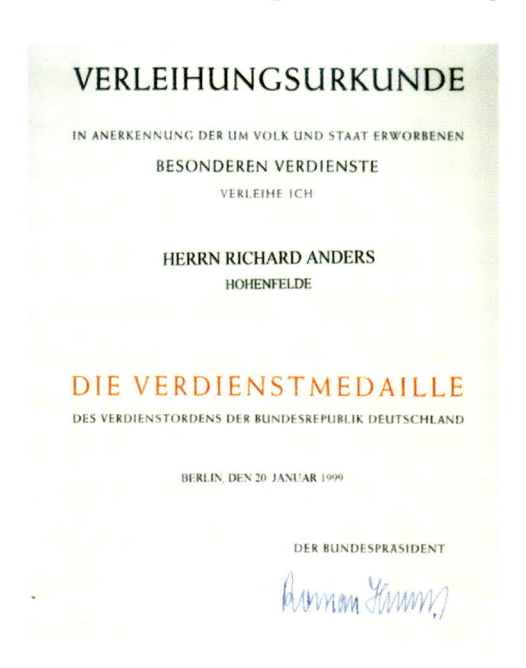

**VERLEIHUNGSURKUNDE**

IN ANERKENNUNG DER UM VOLK UND STAAT ERWORBENEN
**BESONDEREN VERDIENSTE**
VERLEIHE ICH

**HERRN RICHARD ANDERS**
HOHENFELDE

**DIE VERDIENSTMEDAILLE**
DES VERDIENSTORDENS DER BUNDESREPUBLIK DEUTSCHLAND

BERLIN, DEN 20. JANUAR 1999

DER BUNDESPRÄSIDENT

Richard Anders ein Andersdenker?

## MY HOME IS MY CASTLE

Schleswig-Holstein meerumschlungen — Richard Anders erdverbunden. Er ist viel unterwegs, nicht nur geschäftlich, auch bei vielen Vereinen und Verbänden, geht zur Jagd, fliegt manchmal weit weg, aber seine Familie und sein Haus sind der Mittelpunkt seines Lebens; dahin kehrt er immer wieder zurück, wie ein Adler zu seinem Horst.

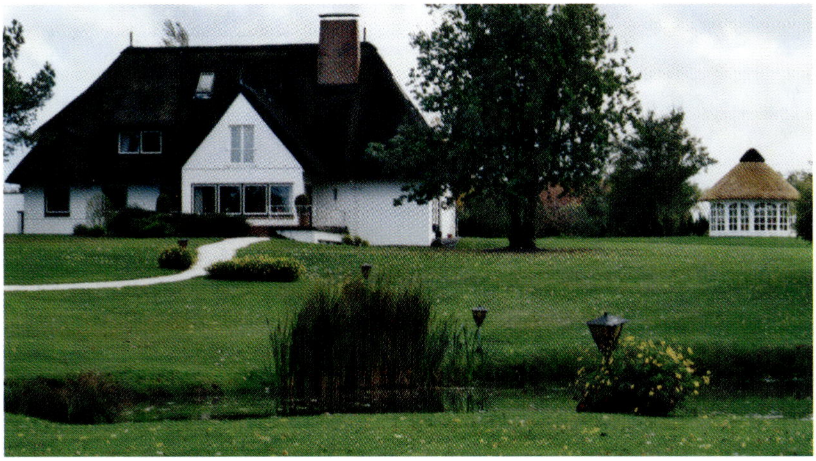

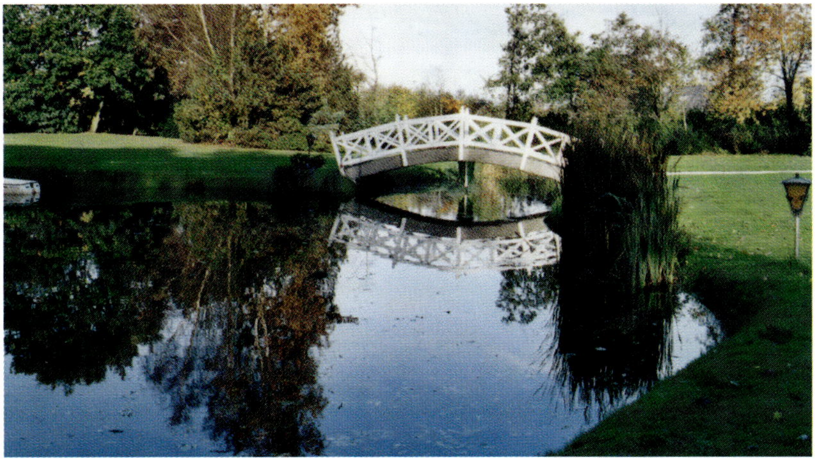

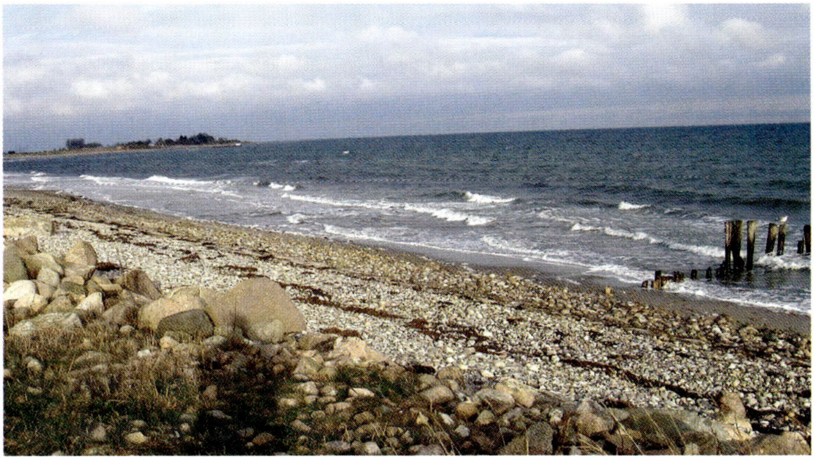

*Im Haus begegnet man vielen Dingen, die einer künstlerisch gestaltenden Handarbeitskultur entstammen, die heute selten geworden ist. Elke Anders verziert mit geschickter Hand Ostereier mit unübertrefflich kunstvollen Ornamenten. Sie beteiligt sich an Ausstellungen und Wettbewerben.*

Hier ist er daheim, hier ereignet sich Familie, hier wird Platt gesnakt. Richard Anders liebt seine Heimat, er ist heimat- und naturverbunden. Bei der Platzverteilung am Mittagstisch überläßt er die Platzwahl zuvorkommend seinen Gästen, aber sobald sich eine Möglichkeit ergibt dreht er sich um, mit Blickrichtung Ostsee. In seinem Wohnzimmer ist ein stationäres Teleskop-Fernglas installiert, mit dem der Blick, bei gutem Wetter, weit hinaus über die Ostsee reicht. Auf dem Fensterbrett liegt ein zweites Fernglas zum Beobachten der Enten und Wasservögel auf dem als Biotop angelegten Teich, der von englisch gepflegten Rasenhügeln umrahmt ist. Das reetgedeckte Landhaus steht im Schnittpunkt dieser raumgreifenden, Rasenflächen.

Man kann es unschwer sehen, es ist die gleiche ordnende Hand, im Hausinnern wie auch draußen in der Parklandschaft, im Wirtschaftsgarten, bei den Blumenbeeten. Hier waltet uneingeschränkt Elke Anders. Sie ist immer noch halbtags berufstätig. Seit Gründung der Firma ist sie für die Buchhaltung zuständig, heute zusätzlich noch für den Bereich Hausverwaltung.

*Obere Reihe von links: Sohn Hauke, Schwiegertöchter Gabriele und Petra, Sohn Carsten. Mittlere Reihe von links: Enkel Sören und Claas. Vorne: Enkelin Beeke, Ehefrau Elke, Enkel Tjark, Richard Anders und Enkelin Ilka.*

## DOCH ALLES GUTE KOMMT VON OBEN

Richard Anders ein Extremshipper? Weil es ihm bisher gelungen ist, so viele Klippen zu umschiffen, aus mancher Not schließlich doch noch eine Tugend zu machen?

Er muß nicht die zehn Gebote erst buchstabieren, um sein Handeln davon abzuleiten. Er muß auch nicht erst seine Vorbilder fragen und ihre Antwort dann umsetzen. Nein, Richard Anders ist, was er tut und er tut, was er ist. Nachdem er sich eingehend mit Menschen seines Vertrauens beraten hat. Diese Direktheit schafft ihm freie Bahn, macht ihn schneller und effektiver. Er braucht keine Transmissionsriemen, keinen Übersetzer. Seine Entscheidungen erfolgen nach dem Erkennen von richtig und falsch, seinem eigenen Richtig und Falsch. Das setzt den Mut voraus zum eigenen Ich. Wer andere mitreißen will, muß an sich selbst glauben. Nur an sich selbst?

**Richard Anders ist, was er tut und er tut, was er ist**

Warum hat er mehr Glück, als andere — weil er Glück anders einordnet. Richard Anders weiß, daß zum guten Gelingen immer auch ein Quäntchen Glück gehört. Das Glück mag immer Begleiter sein, nie macht er sein Tun davon abhängig. Erst nach vollbrachtem Werk läßt er es zu — und genießt es.

«Ich bin der glücklichste aller Anwesenden», sagt er in seiner Rede bei der Einweihung der Mercedesanlage in Vechta und schließt mit den Worten: «Ich möchte Gott danken für die Kraft, die er mir gegeben hat, um diesen Betrieb errichten zu können und gleichzeitig bitten, daß er auch denen, die heute und in Zukunft in diesem Betrieb wirken und arbeiten, insbesondere auch meinem Sohn, seinen Segen gibt».

Und das ist ganz einfach gesagt und ganz ehrlich gemeint.

Richard Anders hat den Geist der 68er aufgenommen, ohne sich mit dem Ungeist dieser Generation abzugeben. Die verstaubten Traditionen, Rituale, Institutionen mußte er nicht zerschlagen, nein, er hat sie sich erhalten, reformiert, dienstbar gemacht, mit neuem Geist erfüllt.

In der Bibel, in der Richard Anders manchmal liest, heißt es beim Prediger Salomo: «Abbrechen hat seine Zeit, bauen hat seine Zeit». In früheren Zeiten mochte für die Bewältigung einer dieser Aktionen die Zeit einer ganzen Generation erforderlich gewesen sein. Richard Anders schaffte den Aufbau und die Sicherung seiner Unternehmen in einem einzigen, in seinem Arbeitsleben.
Er hat damit nicht nur seine Existenz aufgebaut, um später seinen Söhnen ein Erbe zu hinterlassen. Nein, er hat damit immer auch seine Träume und Hoffnungen langfristig gemacht. Er hat aus dem Stand heraus, so scheint es, immer nach den richtigen Lebensoptionen gegriffen. Er blieb immer fest in der Tradition verhaftet, hat Bewährtes beibehalten, weniger Gutes gelassen. Nie hat er sich von der Beliebigkeit des Augenblicks, nie von einer Modeerscheinung irreführen lassen.
Immer hatte er einen sicheren Blick auf das Ganze. Ein Haus war für ihn nicht nur eine Unterkunft oder ein Wertobjekt, es war für ihn immer auch eine gebaute Schönheit. Es mußte zu den Menschen, es mußte in die Landschaft passen. Die Hohe Wacht ist ein bleibendes Zeugnis dieses Wertmaßstabes.
Selbst wenn Gewinnstreben sein Hauptantrieb gewesen sein mag, wäre es gut, mehr solcher «Streber» zu haben. Wirtschaftsfunktionäre, die ihre Aktionen nicht nur nach Shareholder Value ausrichten, Politiker, die nicht nur jeweils in einer Legislaturperiode gefangen sind.
Vielleicht kann so nur ein Mensch wirken und entscheiden, der innen wie außen gleich gestrickt und gewirkt ist.
Richard Anders ist ein Mensch, der von Geburt an Bodenhaftung hat und deshalb auch fragen kann, ob dieser Boden unter seinen Füßen alles ist. Er war und ist beileibe kein Säulenheiliger, gegen dieses

Prädikat würde er sich heftig wehren und seine Freunde würden wiehern vor Lachen. Aber wenn er Glauben als Last empfunden hätte, dann hätte er ihn abgeschüttelt. Wäre er ihm nur Verpflichtung gewesen, hätte ihm die Kirchensteuerzahlung genügt. Für Richard Anders war Religion nicht nur moralische Institution. Für ihn war Glaube eine nie versiegende Kraftquelle. Kein Wunder, daß er seine Söhne bisweilen vorsichtig väterlich ermahnt – «Schaut auch mal nach oben, Jungs»!

**Schaut auch mal nach oben, Jungs**

Wir danken Herrn Dieter Gasser für die Beratung bei der Endfassung der Texte.
Dank auch unseren fleißigen Mitarbeiterinnen; Gabriele Vockeradt für die zuverlässigen Umbrucharbeiten und die ideenreiche Begleitung bei der Gestaltung, sowie Martina Menke für die nicht weniger engagierte Zuarbeit.

Bildnachweise:
Die Fotos stammen aus dem Privatbesitz der Familie Anders und aus den verschiedenen Firmen der Anders-Gruppe, mit Ausnahme der Fotos von Günther Klefenz auf den Seiten:
9, 16, 18, 21, 26, 28 bis 41, 48, 50 bis 57,
83 u., 85 u., 88 u., 89, 114, 120 bis 123,
Privatfotos: Seite 11 und 13
Fotos DH STUDIO, Köln Seite 84
Bei einigen Fotos war die Herkunft unbekannt.

Umschlag-Gestaltung mit Klappen-Foto:
Günther Klefenz, als Grundlage diente die Zeichnung aus dem Fundus der Hohen Wacht.